CLÁR AN ÁBHAIR

KU-443-574

RÉAMHRÁ

Rugadh Pádraig Ó Miléadha i mbaile fearainn na Sceichíní i Sliabh gCua sna Déise sa bhliain 1877. Feirmeoirí beaga ab ea a mhuintir, agus bhí gabháltas beag acu ar an mbaile céanna. San am ar rugadh Pádraig Ó Miléadha bhí a sheanathair, Muiris, i seilbh na háite. Ní raibh aon Bhéarla ag sean-Mhuiris, agus is le Gaeilge a thóg sé a chúigear clainne. Ba í an Ghaeilge gnáth-theanga chaidrimh an teallaigh agus an bhaile, agus b'amhlaidh a bhí, dar le Pádraig Ó Miléadha féin, go dtí nóchaidí na haoise seo caite. Is cosúil go raibh stór mór amhrán agus seanchais ag Muiris Ó Miléadha, agus is é a chéadspreag spéis an ghasúir óig sa Ghaeilge. Fuair Pádraig a chuid scolaíochta i scoil náisiúnta Chill Bhriain, trí mhíle ó dheas de na Sceichíní, faoi Phádraig Céitinn, fear a raibh cáil air ar fud an chontae mar thogha múinteora. Bhí an-mheas ag an Miléadhach óg ar a mháistir scoile, arae nuair a d'aistrigh an Céitinneach go dtí scoil náisiúnta Thuar an Fhíona lean an scoláire óg é, gur chríochnaigh a chuid scolaíochta ann. Ní raibh de locht aige ar a mháistir ach an méid seo:

> A cháil is a mholadh ní thugas go baoth, gan bhrí,
> Is fáth mo lochta ní nochtaim gan é bheith fíor;
> Is é ábhar m'osna, agus loscadh mo chléibh, le m'aois,
> Ar lár na scoile nár chloiseas ach Béarla an rí.
>
> (*Trí Glúine Gaedheal*, ll. 89-92)

De réir dlí na tíre ní cheadaítí an Ghaeilge a theagasc sna scoileanna san am le linn uaireanta oifigiúla scoile, agus is amhlaidh a bhí an scéal go dtí an bhliain 1900. Bhí *Murder Machine* an Phiarsaigh faoi lán seoil. D'fhág an méid seo nach raibh léamh ná scríobh na Gaeilge ag an Miléadhach óg ag fágáil na scoile dó. Go gairid ina dhiaidh sin, áfach, chuir sé roimhe an bhearna sin ina chuid oideachais a líonadh. Is beag ábhar léitheoireachta a bhí le fáil i nGaeilge san am, ach tharraing sé féin agus a dhlúthchomrádaí agus a chomharsa, Seán Ó Fionnúsa, *The Poets and Poetry of Munster* le Seán Ó Dálaigh chucu féin d'fhonn scil na léitheoireachta Gaeilge a fhoghlaim. Nuair a chuimhnímid ar na deacrachtaí a bhí le sárú aige, is mór an creidiúint do Phádraig a chruinne is a thug sé scríobh na Gaeilge leis. Maidir leis an bpeannaireacht álainn a bhí aige, ní miste dúinn cuimhneamh go raibh léamh agus scríobh an Bhéarla ar a thoil aige de bharr a chuid scolaíochta.

I dtús an chéid seo a thosaigh Pádraig Ó Miléadha ag cumadh filíochta. Is é *Pampa Bharra an Chnoic Bhuí* (lch.21), a cumadh in Eanáir na bliana 1903, an chéad amhrán a chum sé agus atá i gcló. Bhí sé ina chónaí ag an am seo le gaolta leis i gceantar na hAbhann Móire, agus is cur síos é *An tIascaire* (lch. 26), a cumadh i bhfad ina dhiaidh sin sa bhliain 1911, ar an gcaitheamh aimsire ba rogha le muintir na háite — an phóitseáil. D'fhág an Miléadhach Éire i

5

gcaitheamh na bliana 1903, agus thug sé aghaidh ar an mBreatain Bheag theas. Fuair sé post sa bhliain 1904 ón Mond Nickel Company i mbaile beag Clydach, atá i bhfoisceacht sé mhíle de Swansea. Bhí os cionn míle duine ag obair sa chomhlacht céanna san am. Phós sé Eilín Ní Chuilleanáin, as Barra na hUídhre, go gairid ina dhiaidh sin, agus rugadh triúr clainne dóibh idir sin agus an bhliain 1911 — Pádraig (nach maireann), Mairéad, agus Muiris.

Is iomaí gluaiseacht de chineálacha éagsúla a raibh baint ag Pádraig leo le linn a thréimhse sa Bhreatain Bheag. Bhí sé go mór chun tosaigh i gcúrsaí ceardchumannachais san áit a raibh sé ag obair, agus bhí sé i measc na gceannairí ar stailc mhór fhada ann sa bhliain 1921. Is de bharr an seasamh a thóg sé in eagrú na stailce seo a briseadh as a phost é sa bhliain 1922. Bhí sé ina theachta freisin don Pháirtí Oibreachais ar an gcomhairle áitiúil, The Pontardawe District Council, ar feadh na mblianta deireanacha dá thréimhse sa Bhreatain Bheag. Bhí sé ina bhall gníomhach de ghluaiseachtaí éagsúla a bhain le cúrsaí na hÉireann freisin. Bhí sé gníomhach i gcraobh Swansea den United Irish League ar feadh deich mbliana tar éis imeacht anonn dó. Thug Mícheál Ó Foghlú, timire de chuid Chonradh na Gaeilge, cuairt ar Clydach sa bhliain 1911, agus bunaíodh craobh den Chonradh san áit de bharr a chuairte. Toghadh Pádraig Ó Miléadha mar chathaoirleach ar an gcraobh, post a bhí aige go dtí an bhliain 1914. Bhíodh ranganna Gaeilge ar bun dhá oíche in aghaidh na seachtaine, agus bhíodh an Miléadhach féin ag múineadh iontu. Bunaíodh Óglaigh na hÉireann in Clydach sa bhliain 1914, agus deir Ó Miléadha féin linn go mbíodh os cionn céad duine ag cleachtadh, agus go gcuiridís cúnamh abhaile. É féin a bhí mar rúnaí orthu. Nuair a bunaíodh An Cumann Um Saoirse Gael, The Irish Self-Determination League, cumann do dheoraithe Éireannacha, i Manchester ar an 30 Márta 1919, ceapadh Ó Miléadha ina bhall den choiste.

De na daoine ar fad ar tháinig Pádraig Ó Miléadha i dteagmháil leo le linn a thréimhse sa Bhreatain Bheag ba é Mícheál Ó Foghlú an duine is mó a raibh tionchar aige ar an bhfile. Bhíodh an bheirt acu ag scríobh ag a chéile go minic — Ó Miléadha ag seoladh a chuid filíochta chuig a chara, agus Ó Foghlú ag tabhairt spreagadh don fhile coinneáil air ag scríobh. Sheas Ó Foghlú lena chara in am an ghátair nuair a briseadh Ó Miléadha as a phost i 1922. Scríobh Pádraig chuige, agus chuig a chol seisear féin, Dónall Ó Fearachair, ar scríobh sé caoineadh faoi ina dhiaidh sin (lch.72), ag iarraidh ar an mbeirt cúnamh a thabhairt dó chun post múinteoireachta a fháil in Éirinn. Is é freagra a fuair sé ó Mhícheál Ó Foghlú cuireadh chun freastal ar chúrsa oiliúna do mhúinteoirí taistil a bhí sé féin a reachtáil i gColáiste Dhéagláin, san Aird Mhór. D'fhill Pádraig Ó Miléadha ar Éirinn i mí an Mheithimh, 1922, agus tháinig a bhean agus a chlann abhaile i mí Lúnasa na bliana céanna. Go gairid ina dhiaidh sin ceapadh ina mhúinteoir taistil é faoi Choiste Gairmoidis Chontae Phort Láirge. Chaith sé an chuid eile dá shaol le múinteoireacht — seal ina mhúinteoir taistil, seal mar oide sna coláistí samhraidh, Coláiste Dhéagláin agus Coláiste na Rinne, agus na blianta deireanacha dá chuid múinteoireachta sa ghairmscoil i nDún Garbhán. D'éirigh sé as an múinteoireacht ar fad ag deireadh na scoilbhliana 1945 de bharr drochshláinte. Fuair sé bás ar an 10 Deireadh Fómhair 1947. Seo an tuairisc a tugadh faoi ar an *Dungarvan Observer* cúpla lá ina dhiaidh sin:

DEATH OF PÁDRAIG Ó MILÉADHA, IRISH TEACHER

By the death of Pádraig Ó Miléadha, which sad event occured at his residence Knockenpower, on Friday 10th. of October, Ireland has lost one of its best poets in the Irish language. Pádraig Ó Miléadha was possessed of a charming personality and was a very cultured man. A native of Kilbrien, he spent his early years in Wales and came back to his native land in 1922, when he took up the position of Irish teacher under the Co. Waterford Vocational Education Committee. He retired from the position a little more than a year and a half ago, but nevertheless he was up to the time of his last illness an active worker in the language cause. His poetry and writings marked him as a man of great literary attainments and his death is now deeply regretted by all who had the pleasure of his acquaintance. His remains were removed to Touraneena Church on Saturday evening last and were followed by an immense cortege. As a tribute to his memory his fellow-teachers of Scoil na gCeard, Dungarvan, shouldered the remains over a distance of 100 yards to the Church. Burial took place after 11 o'clock Mass on Sunday in the adjoining cemetery. A touching graveside oration was delivered by Dermuid (sic) O'Drisceoil, Irish Teacher, Dungarvan. Numerous Mass cards and telegrams were received.

* * *

Déiseach go smior ab ea Pádraig Ó Miléadha. Is léir óna chuid amhrán agus dánta go raibh an-luí aige lena cheantar dúchais. Bhí sé go mór faoi dhraíocht ag an seanchas agus ag an mbéaloideas a bhain leis an dúiche as ar fáisceadh é. Seo sliocht as cuntas ar Shliabh gCua atá le fáil i leabhar nótaí dá chuid. Níl aon dáta leis, ach foilsíodh é ar an 30 Márta 1940 sa *Dungarvan Observer* mar chuid de shraith altanna faoi Shliabh gCua.

Tá an paróiste ar a dtugtar Sliabh gCua i lár na nDéise timpeall leath slí idir Dún Garbhán agus Cluain Meala. Droim ard talún atá ann idir na Comaraigh thoir agus Sléibhte Chnoic Mhaoil Domhnaigh ar an dtaobh thiar. Gabhann an bóthar mór ó Dhún Garbhán go Cluain Meala trí lár an pharóiste; agus ar ghabháil an bóthar sin duit, cé ná fuil coillte ná locha ná caisleáin le tabhairt fé ndeara agat, más ea féin, má fhéachann tú uait soir nó siar tá radharcanna le feiscint ann gur fiú súil a luí orthu. Soir uait

7

chíonn tú an sliabhraon maorga, mórbheannach ar a dtugtar na Comaraigh, ag síneadh ó Chuan Dhún Garbhán ó thuaidh go Siúir. Chíonn tú oscailt ins na sléibhtibh sin os do chomhair soir ar a ngoirtear Bearna an Mhadra. Tá scéal i mbéaloideas na nDéise ag tagairt don mbearnain sin. Seo mar a ghabhann sé:— Nuair a bhí Naomh Pádraig ag taisteal na tíre fadó bhí sé ag gabháil trí Phaoracha (Port Láirge Thoir) agus ag déanamh siar ar na sléibhtibh. Chonaic sé tigh in aice an chasáin agus thriall sé air. Chuir sé tuairisc an bhóthair ar bhean an tí, agus fuair go fonnmhar é. Thug sí isteach é, agus pé bia is deoch ab fhearr a bhí acu thug sí dó iad, agus fáilte. Nuair bhí sé sásta, agus do b'am leis cur chun bóthair, d'fhág sé slán is beannacht aici, agus d'imigh sé. Bhí págánach darbh ainm Ailpín sa cheantar sin, agus ar chlos an scéil dó, bhuail mian meabhlach é. Bhí sé ag faire ar an naomh go raibh sé ag casadh. Thug sé cuireadh dinnéir dó. Ghlac Pádraig leis an gcuireadh, agus do chuaigh leis chun a thí. Bhí ordú tugtha roimh ré ag Ailpín madra a mharú agus a ullmhú le haghaidh dinnéir Phádraig. Nuair shuíodar chun boird, agus tugadh isteach an fheoil, níor dhein Pádraig ach éirí ina sheasamh agus fíor na croise a dhéanamh uirthi. Chomh luath agus a dhein léim an madra ina sheasamh ar lár an bhoird agus chuir sé glam as. Níor labhair Pádraig focal eile, ach thug sé a chúl don áit. Níorbh fhada ina dhiaidh sin go dtáinig an bás ar Ailpín, agus, ar feadh céad bliain ina dhiaidh sin bhíodh sé dá thaispeáint féin i bhfoirm madra ins an lag sléibhe úd ar a dtugtar Bearna an Mhadra. Ba é sin an bhrí a bhí leis an ainm.

Ar an dtaobh thuaidh den mBearnain atá an bior is airde ar na Comaraigh, i.e. Mullach Suí Finn. Ansiúd a shuíodh Fionn Mac Cumhail uaireanta, a ligint a scíth, agus ag féachaint ar a chuid gaiscíoch ag giorrú an lae le láidreacht, le lúth, is le lánghaisce. Bheireadh Oscar ar stolla mór carraige, bhaineadh sé casadh aisti, agus chuireadh sé siar go Cnoc Mhaol Donn den iarracht sin í. Bhíodh Diarmaid thiar roimpi, bheireadh sé uirthi sula mbuaileadh sí talamh, agus chuireadh thar n-ais den urchar sin í. Sin cuid den chaitheamh aimsire a bhíodh acu ar Mhullach Suí Finn. Ó thuaidh ó Shuí Finn go dtí na locha atá Móin an Mhullaigh, ardchlár fada, fairsing atá lán de mhóin. Deirtear go bhfuil daichead troigh móna in áiteannaibh ann. In eireaball na gComarach theas atá Cruachán le feiscint againn, cnoicín beag toranta agus bior caol air. Deireadh na seandaoine gur chomhartha fearthainne nuair bhíodh 'caipín ar Chruachán agus Com Seangán ag caitheamh tobac'. Ar an dtaobh thiar den mbóthar mór atá Gleann na Finnisce, mar a ritheann sruth na Finnisce anuas ó íochtar na gCnoc Maol Donn, agus siar ó dheas chun na hAbhann Móire ag Áth Mheáin. Tamall síos an gleann seo atá Muileann an Choirce, mar a raibh cónaí ar Uaithne fadó. Gairid don áit seo, i mBaile na Giolcaí a thug Donnchadh Rua tamall ag múineadh scoile i bhfochair Thomáis Uí Chaoimh. Daoine léannta ba ea muintir Chaoimh, agus bhí scoil acu i gCill

Chuana, mar a dtagadh scoláirí bochta ó gach aird ar thuairisc léinn. Bhíodh iostas in aisce ag na scoláirí i dtithe na bhfeirmeoirí, agus bhíodh fáilte gheal rompu nuair thagaidís. Tá scéal ag na seandaoine ar bháire mór iománaíochta a bhí ar an bhfaiche úd ag Crosaire na Faiche. Na scoláirí bochta agus muintir na háite a bhí i gcomórtas lena chéile. Ardbháire ba ea é, ach ba é deireadh a bhí air gur ghaibh an lá leis na scoláirí bochta. Taispeánann sin an líonmhaireacht agus an neart a bhí iontu, agus nár mhagadh do Dhonnchadh nuair a dúirt sé: 'Sliabh geal gCua rug bua na féile'. Bhí trí bhua ag Sliabh gCua sa tseanaimsir, bua léinn, bua féile, agus bua filíochta, agus Sliabh Bua a tugtaí air go minic.

Ag éirí suas dó is minic a chloiseadh Pádraig Ó Miléadha a sheanathair Muiris ag trácht ar na filí a bhíodh ann sa seansaol roimhe. Ba é Donnchadh Rua Mac Conmara an file ba mhó le rá díobh ar fad. Tháinig sé chuig Sliabh gCua sa bhliain 1740, agus fuair post mar mhúinteoir i scoil ghairid Uí Chobhthaigh ar an teorainn idir Baile na Giolcaí, Cill Chuana, agus Baile na gCléireach. Fearacht cuid mhór dá chomhfhilí, duine aerach, alluaiceach a bhí ann. 'A careless, roystering, turbulent man of the hills, a spoiled priest in reputation, a frequenter of the company of squireens, a traveller on the seas, familiar with the haunts of sailormen in Waterford and Dungarvan' a thug Dónall Ó Corcora air (*The Hidden Ireland*, Baile Átha Cliath, 1970, 246). Tá tagairt ag Donnchadh Rua do Shliabh gCua ina dhán *Eachtra Ghiolla an Amaráin* (Fiachra Éilgeach, *Donnchadh Ruadh Mac Conmara*, Baile Átha Cliath, 1933, 25, línte 123-132).

A ndeirim do thabhairt mar mhalairt le buíochas
Ar bheith sa bhaile nó i gcalafort éigin,
Ar bheith sa mBarúnaigh 'om neartú idir Ghaelaibh
Ag reic mo cheathrún is ag smachtú mo thréada,
Nó fairis an sagart thug teagasc go séimh dom
Is blaise na leanna go fairsing gan éileamh,
Nó ar Shliabh geal gCua rug bua na féile
Ag riar lucht duanta drua, is a gcléirigh,
Farra Uilliam Ó Móráin fonnard léannta
Do chanfadh seandán os ceann chláir m'éaga.

Scoláire, múinteoir, agus file ab ea an Liam Ó Móráin a bhfuil tagairt dó sna línte thuas. Seo mar a chuir Piaras Mac Gearailt tús le barántas chuige ag tabhairt cuireadh dó a bheith i láthair ag Cúirt Éigse a bhí le bheith ann ar an 10 Meán Fómhair 1744 i mBaile Uí Chinnfhaolaidh, áit chónaí an Ghearaltaigh: '*Do fuair mé áiteamh iomlán go bhfuil i bhfoidhir nó i bhfoiribhe éigin ar Shliabh gCua scolmháistir scaitheolach dárb ainm William Ó Móráin . . .*' (ibid., 12). Is cosúil go dtagadh go leor filí chuig an Móránach ar a n-oiliúint (cf. Pádraig Ó Miléadha, *Seanchas Sliabh gCua*, 40). File eile de bhunadh Shliabh gCua ab ea Máire Ní Dhonagáin (cf. *Seanchas Sliabh gCua,* 26-28) as Currach na Slaodaí, a chum an caoineadh iomráiteach dar tús '*A dhearbhráthair, ó mo mhíle díth thú*' ar bhás a dearthár, Séamas. Foilsíodh an dán don chéad uair in *Irisleabhar na Gaedhilge,* Iml. III, Uimh. 31, 104-106, sa bhliain 1877, agus deir Seán Pléimeann, eagarthóir na hirise, gur cumadh an caoineadh tuairim is céad caoga bliain roimh an dáta foilsithe, rud a fhágas go raibh Máire Ní Dhonagáin i mbarr a réime san ochtú haois déag. Togha scoláire ab ea í de réir an tseanchais. Is sna scoileanna gairide a fuair sí a cuid scolaíochta. Seo scéal faoina cumas mar scoláire Laidne:

Bhí Máire seacht mbliana gan dul go dtí an sagart, agus nuair chuaigh sí ann ansin chuir sé uaidh í. Ní éistfeadh sé a faoistin. Tháinig sí amach as an mbosca, agus scríobh sí a faoistin i Laidin. Thug sí an páipéar dó ansin, agus d'éist sé a faoistin. (*Seanchas Sliabh gCua,* 28.)

Bhí cáil na dea-chainte ar Mháire freisin, agus is cosúil go mbíodh na sagairt ag baint aisti go minic d'fhonn bolgam breá cainte a chloisteáil uaithi. Seo an freagra a thug sí ar shagart amháin a dúirt gur mhó de mhaoin an tsaoil a bhí aicise ná aige féin:

Nára slán an comórtas, a athair:
Bíonn a haon ón mbeo agat, agus a dó ón marbh,
Giní ar an bpósadh, agus coróin ón mbaisteadh,
Bíonn ón Inid go dtí an uaigh agat, is dar mo dhuan, a shagairt,
Gur beag an t-ionadh do ghruanna bheith dearg.

Is iomaí ainm eile a dtiocfaidh tú trasna air agus filí Shliabh gCua faoi thrácht agat. Eilín Daltún (cf. *Seanchas Sliabh gCua,* 28-29), duine d'fhilí an Chnoic Bhuí sa naoú haois déag, a chum an caoineadh ar rí na gCarabhat, Liam Ó Foghlú, a crochadh lá aonaigh sa Chnoc Buí. Tomás Mac Craith, a scríobh an caoineadh ar Philib Séimh Ó Fathaigh, a nia féin. Tá gnéithe den aisling, chomh maith leis an gcaoineadh traidisiúnta, le fáil sa dán atá i gcló faoin teideal *Caoineadh Philib Shéimh Uí Fhathaigh* in *Seanchas Sliabh gCua* (lch. 7). Máire Ní Mhiléadha, a bhfuil eachtra fúithi le fáil sa chnuasach céanna (ll. 28-29). Tomás na mBodhrán Ó Móráin, máistir scoile a raibh scoil ghairid aige i gCnoc an Lisín, agus a chum an t-amhrán cáiliúil *Aonach Bhearna na Gaoithe.* D'fhoilsigh Mícheál Caomhánach as Ceapach Choinn an dán, maille le haistriúchán, in Irisleabhar na Gaedhilge, Iml. III, Uimh. 26, 26-29, Uimh. 27, 43-46, sa bhliain 1877. Sin iad thuas sinsir spioradálta Uí Mhiléadha. Ar ainmneacha dá leithéidí siadsan ar fad a cothaíodh agus a múnlaíodh é ó bhí sé ina ghasúr, agus ba léir ina dhiaidh sin ar a chuid scríbhneoireachta féin cé chomh mór agus a bhí sé faoi chomaoin acu.

Fuineadh traidisiún Shliabh gCua as saol Gaelach na n-aoiseanna a lean tonnbhriseadh an tseanghnáthaimh, mar a dúirt Dáibhí Ó Bruadair, sa seachtú haois déag. Bhí an traidisiún seo beo, beathach, bíodh is go raibh sé ag dul in ísle bhrí, le linn óige Phádraig Uí Mhiléadha ag deireadh an naoú haois déag, agus is léir ar a chuid filíochta féin gur thug sé an traidisiún sin leis ar mhodh cruthaitheach, bisiúil. Is éard a bhí i bhfilíocht na Gaeilge sa tréimhse ón seachtú haois déag anuas go dtí aimsir Uí Mhiléadha meon an phobail á chur i riocht focal: ba í an fhilíocht an meán cumarsáide, an gléas scaipthe nuachta, eolais, smaointe, agus tuairimí. Is tríthi agus inti a fhaighimid dearcadh agus meon na ndaoine ar an saol a chonaic siad timpeall orthu. Sin an chiall atá le litríocht phobail, agus b'é gnó an fhile an saol sin a léiriú ar chaoi a bheadh inghlactha i measc an phobail. De shliocht na bhfilí sin Pádraig Ó Miléadha. Bhí an fhilíocht go smior agus go smúsach ann. Aon ní arbh fhiú leis é a rá, b'fhiú é a rá go snasta, ealaíonta i bhfriotal na filíochta. Tá an méid sin soiléir óna chuid scríbhinní. Tá a chuid leabhar nótaí breac ballach le ranna ócáide a chum sé d'fhonn pointe eolais a chur ina luí ar chara, d'fhonn smaoineamh éigin a tháinig chuige a bhuanú, nó d'fhonn buíochas a ghlacadh le cara as ucht caoine agus cairdeasa. Mar shampla, chum sé an rann seo i mí Lúnasa na bliana 1937:

Do Aghuistín Ó Siochfhradha C.S.S.P.
Ní mhaireann an tsaoire le taobh na mara,
Is gairid an scíth go mbíonn an scaipeadh;
Ach maireann na smaointe sa chroí go haibidh,
Is mairfidh mo chuimhne ar do chaoine, a chara.

Is geall le ceann de lirící ala na huaire na Moch-Ghaeilge an rann seo leanas, nach bhfuil dáta ar bith leis:

Grian an Earraigh
Mo bheannacht leat siar, a ghrian an earraigh,
Chailleas do niamh is mo mhian ar mhachnamh;
Níor bhraitheas do thíocht gur thriallais tharam,
Is go bhfacas an sliabh úd thiar dod tharraingt.

Bhí sé de nós ag an Miléadhach a chuid litreacha a scríobh i bhfoirm filíochta go minic, go háirithe litreacha chuig daoine a bhíodh ag plé le cúrsaí Gaeilge — daoine mar Mhicheál Ó Foghlú, Gael na nGael (Pádraig Ó Crualaoich), agus An Fear Mór (Séamas Ó hEochaidh). Seo roinnt ranna as freagra a thug sé ar litir ó Mhicheál Ó Foghlú a d'inis dó gur bunaíodh Coláiste Dhéagláin. Baineann sé leis an mbliain 1921, agus bhí Ó Miléadha sa Bhreatain Bheag san am.

A chara dhílis de threibh na mbard,
Ba mhór é m'áthas ar léamh do scéil;

11

Guím buíochas Dé ar bhur gcoláiste nua,
Cé gur fada uaibh mé sa Bhreathnais mhaol.

Tá Déaglán naofa bhur mbeannú anuas
Ó Ghleann an tSuaimhnis, is a scéimh mar ghréin;
Is go deimhin más féidir, beidh Donnchadh Rua
Ag guidheachaint bua libh ó Neamh na nGael.

Fearacht na bhfilí a chuaigh roimhe, tugann Pádraig Ó Miléadha tuairisc
dúinn ar mhuintir Shliabh gCua ina chuid filíochta. Nochtaíonn sé dúinn a
gcuid fadhbanna agus a gcuid grinn, a gcuid bróin agus áthais, an seanchas a
bhíodh acu, agus, ar ndóigh, an dámh a d'airigh siad lena gceantar dúchais.
Labhraíonn sé leis an bpáiste óg chomh maith leis an seanduine críonna, leis
an scoláire mór chomh maith leis an bhfeirmeoir beag. Le scéal gairid a
dhéanamh de, is éard atá i bhfilíocht Uí Mhiléadha croí agus anam, meanma
agus spiorad Shliabh gCua. Mioneachtraí iontu féin iad eachtraí na ndánta;
mioneachtraí gan tábhacht, b'fhéidir, i gcomhthéacs na tíre ar fad, ach níor
laghdaigh sin a dtábhacht i súile an phobail áitiúil. B'éard a bhí ag déanamh
imní do mhuintir Bharra an Chnoic Bhuí, cuirim i gcás, nach raibh aon
phampa nó aon chaidéal acu a sholáthródh uisce dóibh, agus go raibh orthu ar
an ábhar sin a gcuid uisce a iompar ó thobar a bhí i bhfad ó láthair. B'fhéidir
nach bhfuil ansin ach mioneachtra nó mionfhadhb, ach is é *raison d'être* an
dáin é, arae tugann sé leis meon na ndaoine sa phobal áirithe atá i gceist.

'A ógfhir mo chroí,' ar sí, 'ní heol dom do ghnúis,
Nó cad as duit thuaidh nár chualais riamh trácht ar ár gcúis?
Gheobhair deoch agus fáilte óm láimh is ó íochtar mo chroí,
Ach b'fhada í mo thriall á hiarraidh ó Bharra an Chnoic Bhuí.
(*Pampa Bharra an Chnoic Bhuí*, 21)

Ar an gcaoi chéanna, ba í ceárta Mhicil de hÓrdha ceartlár an domhain d'aos
óg an pharóiste a bhailíodh isteach inti d'fhonn seanchais. Níor chás leis na
daoine óga sin imeachtaí an domhain mhóir. Ba ghaire dóibh cúrsaí a
gceantair féin agus b'iad a bhí líofa ar iad a ríomhadh.

Níl fál ar barrchrith, báire ar fhaiche,
Ná ráfla ceapadh sa dúiche
Ná bíonn á stealladh le líofacht teangan,
Is suíomhnú cealgach, dúr air.
Is ann a thagann le fonn chun bladair
An mheabhair is fearr sa pharóiste,
Ó b'fhearrde duine bheith lá ina gcuideachta
I gceárta Mhicil de hÓrdha.
(*Ceárta Mhicil de hÓrdha*, 32)

Rud eile de is cinnte go mbaintí spraoi as amhráin ghrinn Uí Mhiléadha timpeall na tine oícheanta airneáin sa gheimhreadh – *Na Tincéirí* (lch.23), *Gabhairín Bhainne an Tae* (lch.28), *An Sean-Aonarán* (lch.30), *Pádraig Ó Dí* (lch.53), agus araile. Tá dán an-ghreannmhar eile scríofa aige dar teideal *Sciorta Mháire Ní Chathasaigh.* Sa bhliain 1915 a cumadh é, agus níor foilsíodh riamh é. Is éard atá ann cuntas ar chailín óg a bhí ag iarraidh bheith faiseanta agus a cheannaigh sciorta a bhí rótheann di.

> Do thaitin na faisin le Máire,
> Is níorbh fhéidir í shásamh a airigh mé,
> Gur bhuail sí faoin sciorta beag, cráite úd
> A dtugann an ghalántacht an *babail* air.

B'é críoch an scéil go raibh Máire ag iarraidh dul trasna na habhann lá, ach bhí an sciorta chomh teann sin gur baineadh dá cois í, gur sciorr sí, agus go ndeachaigh sí amach san uisce. An chomhairle a chuireas an file uirthi leanacht d'fhaisean na nGael agus an tsúil chaoch a thabhairt don fhaisean nua.

> A chailíní óga na hÉireann,
> Mo chomhairlese déanaigí feasta arís;
> Caithigí sciorta breá Gaelach,
> Is ná bígí ag pocléimnigh ar langaide.

Mar a dúirt mé cheana, is é Pádraig Ó Miléadha tuairisceoir a mhuintire agus a cheantair dhúchais. An té atá le moladh, molann sé é; an té atá le cáineadh, cáineann sé é. Ceiliúrann sé áilleacht an cheantair agus féile na ndaoine. B'fhéidir gurb é *Sliabh Geal gCua na Féile* (lch. 27), ar amhrán tíre anois é ar fud na hÉireann, sméar mullaigh a bhfuil le rá aige faoi Shliabh gCua:

> Dá mbeinnse i measc mo ghaoltaibh
> I Sceichín glas na séimhfhear
> Nuair scaipeann teas na gréine ann
> Ó spéir gheal gan trá;
> Nó dá mbeinn ansiúd fén réaltain
> Nuair thiteann drúcht ar fhéar ann,
> A Shliabh gheal gCua nár dhéirc sin,
> Dá mb'fhéidir í d'fháil.

Má thuig Pádraig Ó Miléadha an ceangal a bhí idir é féin agus na filí a chuaigh roimhe, agus má b'oidhre é féin ina linn féin ar Dhonnchadh Rua agus ar Liam Ó Móráin, ar Eilín Daltún agus ar Mháire Ní Dhonagáin, ba léir freisin dó go raibh an oidhreacht a d'fhág siad aige i gcontúirt a caillte. Seo sliocht as dán i gcuimhne Mháire Ní Dhonagáin a chum sé i mBealtaine na

13

bliana 1940:

> Ba dhoilbh is ba dhuairc do dhúiche Déise
> Do chur ins an iúr fé dhrúcht an éigin;
> D'imigh an lúth as Cúirt na hÉigse,
> Nuair thit uirthi an smúit a mhúch a réiltean.
>
> Is cian ó chuais ar chuairt do shínte,
> Ó thriallais suas go stuaic an Bhuí-Chnoic;
> Is cian duit thuas san uaigh ann sínte,
> Is is cian, monuar, ó d'fhuar ár gcuimhne ort.

Níor leasc leis an Miléadhach a chuid filíochta a úsáid mar ghléas bolscaireachta ar son a theanga agus a thíre. Ní miste dúinn a mheabhrú dúinn féin go raibh cúram na bolscaireachta go mór ar athbheochanóirí thús na haoise seo, agus go háirithe ar a gcuid saighdiúirí ar pháirc an chatha, mar atá, na múinteoirí taistil, ar dhuine díobh an Miléadhach féin. Bolscaireacht gan scáth, gan náire atá i gcuid mhaith de litríocht Ghaeilge na tréimhse seo, bolscaireacht nach mbeadh glacadh léi i saol an lae inniu, b'fhéidir, arae tá sí maoithneach, rómánsúil, dar linn. Réabhlóid chultúrtha a bhíothas a theagasc, agus deirtí amach go neamhbhalbh é. Bhí aghaidh agus aird le tabhairt feasta ar an nGaeilge, agus bhí cúl le tabhairt don Bhéarla. Fearacht a chomhaimsirtheach, tá an nóta frith-Shasanach le sonrú go láidir ar shaothar Uí Mhiléadha. Bhí clann Chaitlín le caomhnú, agus clann Sheáin Bhuí le díothú.

> Nach breá an scéal is dóigh liom féineach,
>   Go bhfuil ár nGaeilge a bhí go tláth
> Á leathadh in Éirinn, mar shíol lá gaofar,
>   Agus Béarla á thraochadh i ngach uile pháirt.
> Níl ann le insint aon scéal níos milse,
>   Ná fós chomh meidhreach le croí fíor-Ghaeil,
> Ná an teanga bhinn do rug bua dár sinsir
>   Bheith ag dul chun cinn i ngach áit sa tír.
>
> (*Ambrán don Ghaeilge*, 1902)

Is iomaí tagairt mholta a rinne an Miléadhach do na forais éagsúla a bhí ag plé le cúrsaí Gaeilge lena linn — Conradh na Gaeilge, Coláiste Dhéagláin, agus le teacht an tSaorstáit, An Roinn Oideachais. Bhí dóchas aige go dtiocfadh borradh ar an náisiún Gaelach trí bhithin obair na Gaeilge, ach thuig sé go maith go raibh obair mhór roimh na gluaiseachtaí éagsúla teanga.

> An fear a mbíonn bua aige buann sé an báire,
> Tagann an uain más buan a chairde.

14

Tá comhairle cheannasach, labharthach, léannta
Ar thóir na teangan, á tarraingt le chéile;
Is cé go gceapaid gur gairid go snámhfaidh,
Is baol, gan taca, gur bascadh atá i ndán di.
(*Aisling an Oide*, lch. 75, 43-48)

Dhá thaobh an aonbhoinn dearcadh Uí Mhiléadha ar an nGaeilge agus a dhearcadh ar chúrsaí polaitíochta. Fearacht a chuid comhfhilí ón seachtú haois déag i leith, chreid sé gurbh iad na Sasanaigh ba chionsiocair le droch-chás na hÉireann, agus nach raibh de réiteach ar fhadhbanna na tíre seo ach iad féin agus a gcuid báillí a dhíbirt láithreach. Tá léargas maith ar aeráid pholaitíochta an phoblachtánachais in Éirinn ó thús na haoise seo anuas go dtí an Dara Cogadh Domhanda le fáil i bhfilíocht Uí Mhiléadha. Éire shaor, Ghaelach an Phiarsaigh, maille le sinn féineachas Uí Ghríofa atá i gceist agam, agus iad aontaithe faoi bhratach Chonradh na Gaeilge. Is léir an dearcadh seo ar chuid mhaith dánta sa chnuasach seo, agus go háirithe ar na dánta seo leanas: *A Thír Gheal Mo Chroí* (lch. 25), *Teamhair na Rí* (lch. 44), *Tír na nGael* (lch. 45), *A Thír Mo Dhúchais* (lch. 48), *Is Searbh an Scéal* (lch. 50), *Gráinne Bheag Mhaol* (lch. 67). Tá nóta seo na bolscaireachta go láidir freisin sna dánta do pháistí (ll. − 57-68). Poblachtánach neamhleithscéalach de dhéantús thús na haoise seo ab ea Pádraig Ó Miléadha. Níor leasc leis úsáid an ghunna a cheadú san áit nárbh fhéidir an ceart a bhaint amach dá uireasa.

Níor thaithigh sé géarghoin ar thaobh cnoic, is geoin −
Gí cara is ea an faobhar nuair is éigean an gnó −
Níor mealladh leis tréadaí le bréaga na mbeol,
Ach, i ngan fhios dó, shaothraigh sé tréithe ba mhó.
(*Caoineadh ar Dháith Ó Cuilleanáin*, 70)

Thar aon ní eile, is léir óna chuid scríbhneoireachta gur chás le Pádraig Ó Miléadha an duine lag, aonarach a bhí faoi chois ag an tíoránach. San amhrán *An tIascaire* (lch. 26) feicimid an chaoi a bhfaigheann muintir na háite an ceann is fearr ar na báillí agus iad ag póitseáil bhradán. Cuirtear an t-amhrán inár láthair ar bhealach bréagmhórtasach, bréag-ghaisciúil d'fhonn magadh a dhéanamh faoi na báillí agus faoi mhuintir an tí mhóir. Is téama coitianta an phóitseáil i bhfilíocht Uí Mhiléadha, agus tugann sé deis i gcónaí don té atá thíos an ceann is fearr a fháil ar an té atá thuas. Faighimid léargas ar an gcois ar bolg céanna in *Trí Glúine Gaedheal* nuair a cuirtear duine as a sheilbh faoi ghiorria a mharú (ll. 588-616). Eachtraí den chineál seo a d'fhorbair coinsiasacht shóisialta Uí Mhiléadha, agus b'iad ba chionsiocair sa deireadh lena dhearcadh ar chúrsaí polaitíochta na hÉireann.

Tá roinnt mhaith scríofa ag Pádraig Ó Miléadha, agus cuireadh go leor dá shaothar (trí leabhar fhilíochta, agus bailiúchán béaloideasa) i gcló: *Duanta*

Andeas (Oifig Dhíolta Foilsiúchán Rialtais, Baile Átha Cliath, 1934), *An Fiannaidhe Fáin* (Brún agus Ó Nualláin agus Coláiste na Rinne, Baile Átha Cliath, 1934), *Seanchas Sliabh gCua* (Cumann Bhéaloideas Éireann, Baile Átha Cliath, 1936), agus *Trí Glúine Gaedheal* (Oifig Dhíolta Foilsiúchán Rialtais, Baile Átha Cliath, 1953). Níl sa méid sin ach cuid de shaothar Uí Mhiléadha. Tá roinnt mhaith dánta agus amhrán aige i mBéarla agus i nGaeilge, maille le haistriúcháin ar amhráin Bhéarla agus amhráin dhátheangacha, nár foilsíodh fós. Lena chois sin, tá roinnt mhaith ábhair uaidh le fáil i lámhscríbhínní Roinn Bhéaloideas Éireann, An Coláiste Ollscoile, Baile Átha Cliath, nár foilsíodh in *Seanchas Sliabh gCua*.

Níor mhiste focal nó dhó a rá anseo faoin dá dhán fhada *An Fiannaidhe Fáin* agus *Trí Glúine Gaedheal*. De shliocht Chúirt an Mheán Oíche agus Chaoineadh Airt Uí Laoghaire na dánta seo. Táimid ag plé anseo, dar liom, le litríocht eipiciúil na muintire a thugas tuairisc an phobail trí shúile baill den phobal sin. Dán beathaisnéiseach is ea *Trí Glúine Gaedheal*, a scríobhadh in 1944, ina rianaíonn an file scéal a bheatha féin agus an méid a chonaic sé timpeall air lena linn. Is iad na trí glúine atá i gceist na glúine as ar eascair Pádraig Ó Miléadha féin: glúin a sheanathar a mhair in aimsir an drochshaoil, agus a d'fhulaing an díbirt; glúin a athar a d'fhulaing an díbirt agus an chos ar bolg freisin; agus a ghlúin féin, arbh éigean do chuid mhór díobh, a fheAracht féin, an bád bán a thabhairt orthu féin. Ach tar éis ar fhulaing an cine tá nóta dóchais le sonrú ar dheireadh an dáin. Tá fuascailt i ndán don chine anois ach tabhairt faoi:

> Tá soineann anoir agus saoirse ag filleadh ar an bhfód,
> Ach níor cluicheadh an cluiche go críoch na himeartha fós;
> Tá Sacsain go seascair 'na suíomh i bhfearantaibh Eoghain,
> Ach caithfear a gcartadh, is a gcuibhreach dhamanta leo.
>
> Is fada dúinn crapaithe, céasta, titithe ar lár,
> Ceapaimis reacht agus gléasa d'oirfidh do chách;
> Cleachtar an ceart is ná séantar caradas cléibh,
> Is beidh rath agus beannacht Mhic Dé ar Chlanna na nGael.
>
> (*Trí Glúine Gaedheal*, ll. 1585–1588, 1602–1608)

Tar éis gur dán beathaisnéiseach é *Trí Glúine Gaedheal*, éiríonn le Ó Miléadha cás na tíre a chur in iúl trína chás pearsanta féin. Sa deireadh, ionchollú is ea an Seanduine ar mhianta agus ar mhianach na hÉireann, nó samhail den chine mar is léir do Phádraig Ó Miléadha é. Is éard atá in *An Fiannaidhe Fáin*, a scríobhadh sa bhliain 1933, cuntas ar dhuine, an fánaí, a liostáil in arm Shasana aimsir an Chogaidh Mhóir, a goineadh sa chogadh, agus a d'fhill ar a thír dhúchais nuair a fuair sé scéal go raibh a bhean tinn. Bhí sí curtha roimhe. Mhothaigh an fánaí go raibh muintir na háite ina aghaidh faoi bheith in arm Shasana, agus dá bhrí sin liostáil sé sna hÓglaigh, gur ghlac sé páirt san Éirí Amach. D'éalaigh sé ina dhiaidh sin, nó gur casadh é taobh amuigh de theach na fhile, oíche stoirme, agus é ar anchaoi. D'inis sé a scéal don fhile, agus shéalaigh sé. Ní féidir a mhaíomh faoi cheachtar den dá dhán seo go bhfágann siad an bhreith faoi shamhlaíocht an léitheora nó an éisteora, fearacht na nualitríochta, ar bonn teilgthe í do shamhlaíocht an léitheora. Ní chuige sin litríocht den chineál seo, agus caithfear slatanna feiliúnacha tomhais a úsáid agus muid á meas. Ní hionann na slatanna tomhais seo agus modhanna léirmheastóireachta na critice nua. Ar bhealach, is dóigh gurb í an chaint an rud is cumasaí in *Trí Glúine Gaedheal* agus in *An Fiannaidhe Fáin*, caint láidir, dhrochmheastúil ag cur thar maoil le mallachtaí agus le drochghuí nuair is iad na Sasanaigh atá i gceist; caint mholta, bhladhmannach nuair is iad na hÉireannaigh atá i gceist. Mheabhródh an chaint seo Céitinn, Ó Bruadair, Ó Rathaille, agus, go deimhin, Mac Giolla Meidhre do dhuine:

> Ba dhaor an ghraithin a sheasaigh ansiúd ina ndáil,
> Faolchoin mhallaithe, marbh i gclú is i gcáil,
> Dronn is draid orthu, drannadh agus géire an ghadhair,
> Fonn orthu ag faire chun preabadh de léim ar aghaidh.
>
> (*Trí Glúine Gaedheal*, ll. 805-808)

As filíocht an ochtú haois déag a d'eascair an fhilíocht seo, go fiú go mbaineann an Miléadhach gaisneas as na cineálacha céanna meafar:

> Nár cheile an mámh ar do ghabháil i gcoinne na síon.
>
> (*ibid.*, 715)

> Againne atá an mámh is an drámh le chéile.
>
> (*Aisling an Oide*, lch. 75, 121)

Ag seo tuairisc an fhánaí ar an Óglach:

> Bhraitheas in aice liom ógfhear fionn
> Maisiúil, meanmnach, seolta, seang,
> Fearúil, farairiúil, treormhar, teann;
> Ní feas dom go bhfaca mé fós a shamhail.
>
> Mheasas ar m'amharc go géar 'na ghnúis
> Go raibh taitneamh thar thaitneamh an réilt 'na shúil;
> Go raibh machnamh thar mhachnamh na gcéad fé chlúid,
> Go raibh cara don cheart ins an mbéal a dúirt: . . .
>
> (*An Fiannaidhe Fáin*, ll. 277-284)

Brúchtann mothúcháin dhomhaine aníos trí cheol na bhfocal go mion is go minic. Seo cuntas an tSeanduine ar a bhean a d'imigh uaidh ar shlí na fírinne:

I dtosach mo shaothair d'éalaigh sí isteach i mo chroí,
Is nuair ba chorraithe an chéim ba shéimh a sheasaigh lem thaobh;
Borb ina béal níor bhéas, i gcaitheamh ár dtís,
Tá solas mo shaoil in éag ó chailleamar í.

Sa reilig bheag uaithne thuaidh cois abhann 'na suí,
Tá mo chuideachta shuairc 'na suan le fada ina luí;
D'imigh sí uaim sa tslua ná casann arís,
Is sin mise go buartha ag baint na sraithe ina díth.

(*Trí Glúine Gaedheal*, ll. 657-664)

Iarrachtaí fada cruthaitheacha is ea *Trí Glúine Gaedheal* agus *An Fiannaidhe Fáin* ina sníomhtar cuntais ar eachtraí agus comhrá na gcarachtar go healaíonta trína chéile gan aontacht na ndánta a bhriseadh. Éachtaí liteartha is ea iad nuair a chuimhnímid go n-éiríonn le Pádraig Ó Miléadha fadhbanna polaitíochta, sóisialta, agus eacnamaíochta a linne a iniúchadh ar mhodh dúchasach. Leis an ochtú haois déag a bhaineas foirm na ndánta, ó tharla gur i meadaracht aiceanta an amhráin a scríobhadh iad, ach caithfear a admháil go dtéann an t-ábhar i ngleic le fadhbanna na hÉireann ag tús na haoise seo. Ar an ábhar sin, níor mhiste do bhuíon na Nua-Éigse Gaeilge, dar liom, athscrúdú a dhéanamh ar shaothar Phádraig Uí Mhiléadha.

***

MODH EAGARTHÓIREACHTA

Is í an aidhm a chuireas gach eagarthóir roimhe téacs chomh soléite, sothuigthe, aonfhoirmeach, caighdeánach agus is féidir a chur ar fáil don léitheoir. I gcás na Nua-Ghaeilge de, is chuige sin *Gramadach na Gaeilge agus Litriú na Gaeilge: An Caighdeán Oifigiúil* (Baile Átha Cliath, 1960), agus tá sé inmholta go leanfaí an Caighdeán Oifigiúil agus téacsanna á gcur i láthair an phobail. Rud eile de, tá cleachtadh ag léitheoirí na Gaeilge ó 1960 i leith ar an gCaighdeán Oifigiúil, agus is leis a bhíos siad ag súil ina gcuid léitheoireachta. Agus an méid sin ráite, caithfear a admháil ina dhiaidh sin áfach go bhfuil deacrachtaí áirithe ag baint le heagarthóireacht a dhéanamh ar théacs filíochta aiceanta sa Nua-Ghaeilge nach mbeadh ag baint le téacs próis, arae is minic a éigníonn meadaracht na filíochta leaganacha éagsúla den fhocal céanna (bunaithe ar fhoirmeacha stairiúla sa teanga, nó ar chanúint an údair) taobh istigh den aon dán amháin, go fiú. Ní miste dúinn a mheabhrú dúinn féin, freisin, go raibh rogha fhairsing foirmeacha den fhocal céanna ag file clasaiceach na Gaeilge, agus gur bhain sé lánúsáid astu d'fhonn a chuid

18

rialacha dochta a chomhlíonadh. Déanaim iarracht cloí chomh mór agus is féidir leis an gCaighdeán Oifigiúil san eagrán seo, ach tá sé soiléir nach féidir sin a dhéanamh i gcónaí. Glacaim leis go dtuigeann gnáthléitheoir na Gaeilge (agus an gnáthéisteoir, ó tharla gur filíocht í seo lena canadh agus lena haithris), go dtuigeann sé gur mar a chéile ó thaobh céille na foirmeacha seo leanas: *i ndiaidh, i ndeoidh,* agus *i ndéidh; mian, méin,* agus *meon; cró* agus *crú; deor* agus *déar; gleo* agus *glia; séad* agus *seod; saoi* agus *sua; slua* agus *sló; scéal* agus *sceol; snua* agus *snó; teacht* agus *tíocht; tréan* agus *treon.* Tá na malairtí leaganacha seo le fáil síos trí na dánta ar fad. Scaraim corruair leis an gCaighdeán Oifigiúil d'fhonn treoir a thabhairt don léitheoir maidir le fuaimniú focail, agus go háirithe focal a mbeadh tábhacht leis ó thaobh na meadarachta. San am céanna áfach, féachaim le brí an fhocail a dhéanamh chomh soiléir agus is féidir don léitheoir a bhfuil cleachtadh aige ar an gCaighdeán Oifigiúil. Sampla de seo ná an focal *chugam* (Caighdeán) a litrím mar *chugham* sa téacs d'fhonn a thaispeáint gur focal aonsiollach é le guta fada amháin, ach gan soiléire bhrí an fhocail a chailleadh ar an léitheoir. San áit ina leanaim an Caighdeán Oifigiúil, agus go bhfuil an chontúirt ann nach bhfuil fuaimniú an fhocail soiléir, tugaim treoir dó sin i bhfonóta ag deireadh an dáin. Níor mhiste cuimhneamh freisin go bhfuaimnítear *ai, ui, ei,* agus *i* mar *y* i gcanúint Shliabh gCua sna focail seo leanas: *binn, cinn, coill, crainn, cruinn, insint, meidhreach, muintir, rince, rinn, sinsear, teimheal, timpeall.* San áit a mbíonn focal déshiollach ag teastáil ó thaobh na meadarachta, agus nach bhfuil ach siolla amháin sa Chaighdeán Oifigiúil, scríobhaim an focal mar dhéshiollach más litriú stairiúil é, m.sh. *gnáthach* in áit *gnáth.* Ní scríobhaim *a* nó *do* coibhneasta ach amháin sa chás ina ndeirtear é ó thaobh na meadarachta.

Ní athraím comhréir ná gramadach na teanga mar atá siad ag an údar. Is i gcanúint Shliabh gCua a scríobhadh na dánta an chéad uair. Bainim úsáid as an Tuiseal Tabharthach Iolra mar a bhíos sé i lámhscríbhinn Phádraig Uí Mhiléadha. An fhoirm dár críoch — *(a)ibh* is mó a bhíos aige, ach amháin i gcás correisceachta, m.sh. *ó bhaithis go barraí n.o bhróg* (lch. 66). Tá foirm an Tuisil Thabharthaigh Uatha le fáil sa chéad eagrán de *Dhuanta Andeas* (1934), ach níl aon rian de i lámhscríbhinn Uí Mhiléadha, ach amháin i gcás na samplaí atá luaite sa Chaighdeán Oifigiúil. Ar an ábhar sin fágaim ar lár é. Tá an rud céanna fíor i gcás urú a chur ar an aidiacht sa Tuiseal Ginideach Iolra. Fagaim foirm na haidiachta briathartha mar atá sí ag an údar.

Bunaíodh an t-eagrán seo ar dhá fhoinse, mar atá, lámhscríbhinní Phádraig Uí Mhiléadha, agus *Duanta Andeas* (Oifig Dhíolta Foilsiúchán Rialtais, Baile Átha Cliath, 1934). San áit a ndearnadh athrú ar bith ar an gcéad eagrán, bunaíodh é ar na lámhscríbhinní. Is minic a tugadh malairtí ar fhocla, ar línte, agus ar ranna sna nótaí. Tá ord na ndánta bun os cionn leis an gcéad eagrán freisin. Seo é an t-ord a leanadh: (a) Dánta nó amhráin a bhfuil dáta leo, in ord a gcumtha (1—16); (b) Dánta nó amhráin nach bhfuil dáta leo

19

(17–21); (c) Píosaí aithriseoireachta (22–26); (d) Dánta do pháistí (27–38); (e) Caointe (39–40); (f) *Aisling an Oide* (41). Seo leanas na dánta nár éirigh liom teacht orthu i lámhscríbhinn Uí Mhiléadha: 17–21, 23–29, 31–35, 37, 39–41. Cuirim an modh eagarthóireachta atá ceaptha agam don eagrán seo i bhfeidhm orthu seo ar fad.

***

Céad bliain ó shin a rugadh Pádraig Ó Miléadha, agus tá comóradh á dhéanamh i mbliana air. Bhí sé i gceist i dtosach ag an gcoiste comórtha, Coiste Éigse Shliabh gCua, eagrán iomlán de shaothar Uí Mhiléadha a chur ar fáil don chomóradh. Nuair ba léir nach mbeadh an t-am ann chuige sin, cinneadh ar eagrán nua de *Dhuanta Andeas* a chur i láthair an phobail, ach réamhrá, nótaí, agus foclóirín a chur leis. Ó tharla gurbh éigean an t-eagrán seo a dhéanamh faoi dheifir, tá súil againn go maithfear pé lochtanna atá air dúinn. Cuirfear eagrán iomlán de shaothar Uí Mhiléadha ar fáil chomh luath agus is féidir.

Ba mhaith liom buíochas ó chroí a ghlacadh le Muiris Ó Miléadha, mac an fhile, agus le Mairéad Bean Uí Allacháin, iníon an fhile, nárbh fhéidir an t-eagrán seo a chur ar fáil dá n-uireasa. Tá mé go mór faoi chomaoin freisin ag an Ollamh Tomás de Bhaldraithe, ag an Ollamh Tomás Ó Concheanainn, ag Seosamh Watson, agus ag an tSiúr Déaglán Paor a thug a gcúnamh go fial dom. Mé féin amháin is cionsiocair le pé ar bith lochtanna atá ar an leabhar.

Gearóid Denvir
Meitheamh 1977

20

PAMPA BHARRA AN CHNOIC BHUÍ

Tráthnóinín déanach is mé ag déanamh ar Bharra an Chnoic Bhuí,
Bhuail tart mé go dian is ní fhéadfainn imeacht ar mo shlí;
   Ag botháinín aolmhar do ghlaos, is ar ógbhean an tí
   Do iarras deoch fíoruisce dhíbreodh an loscadh dem chroí.

'A ógfhir mo chroí,' ar sí, 'ní heol dom do ghnúis,
Nó cad as duit thuaidh nár chualais riamh trácht ar ár gcúis?
   Gheobhair deoch agus fáilte óm láimh is ó íochtar mo chroí,
   Ach b'fhada í mo thriall á hiarraidh ó Bharra an Chnoic Bhuí.'

'Mhaise, beannacht Mhic Dé guím féin ar do mhairbh anocht,
Go mba fada é do shaol agus saor go dté d'anam gan locht;
   Ach inis dom do scéal, nó an féidir do chailín chomh caoin
   A bheith breoite ina croí gan fíoruisce i mBarra an Chnoic Bhuí? '

D'fhreagair sí mé, 'mo léan, is fíor é mar rá,
Go bhfuil osna inár gcroí ó bheith ag síortharraingt uisce gach lá;
   Gan tobar, gan pampa, mo chantla, is mo dheacair ghéarchroíoch
   Atá sliocht na bhfilí do bhíodh i mBarra an Chnoic Bhuí.

Tá dhá bhliain nó trí ó bhí orainn áthas is meidhir,
Nuair a gealladh dúinn pampa gan amhras, gan dearmad, gan mhoill;
   Tháinig fir láidre lúfar' le púdar a phreabadh le brí,
   Ag cur chloch ins na spéarthaibh ina gcaorthaibh i mBarra an Chnoic Bhuí.

Ach tháinig tromshuan ar na huaisle bhain leis an mbord,
Is d'fhágadar meallta, gann fá uisce sinn fós;
   Ina chontúirt don each, mo chreach, gan chomhla, gan díon,
   Atá an cholainn gan cheann seo, pampa Bharra an Chnoic Bhuí.'

'Is trua liom do ghreim go deimhin, a chailín gan locht,
Is ó tá tú chomh fial gheobhair díol ar do mhaitheas anocht;
   Is fear mé den mbord, is, gan ghó, cuimhneod ar do ghníomh,
   Mar is gearr go bhfaighfear uisce ina thuile i mBarra an Chnoic Bhuí.'

TAIBHREADH ARÉIR DOM

Taibhreadh aréir dom go déanach im leaba
Go raibh mo ghrá gealsa glaoite gan caoi ar í chasadh,
   Go dtáinig an caolfhear gan éileamh thar caladh,
   Is gur thóg sé le faobhar í go haolbhrú na n-aingeal.

Ba bhrónach a bhíos ar m'éirí dom ó m'aisling,
Bhí mo chroí istigh go dítheach ag cuimhneamh ar m'ainnir;
   Nuair mhachnaíos ar mo mhaoin a bheith choíche liom scartha,
   Do shil tuile síos liom is do shíleas ná mairfinn.

Do ghléasas go daoirseach, dubhach, caointeach chun bóthair,
Ag triall ar an mbinnghuth a bhíogadh ón mbrón mé;
   Trí thír ghlas na nDéise ba dhéarach an bealach,
   Ó Shliabh gCua na maolchnoc go taobh Shróin na Caillí.

Nuair shroicheas an áit cé gur chráite mo thaisteal,
Níor fearadh an fháilte ba ghnáthach romham cheana,
   Bhí m'fhíorghrá féin sínte gan bhrí ann ar leaba,
   Agus bean bhrónach caointe ag caoighol 'na haice.

A chuisle mo chléibh is a chéibhfhionn ba chneasta,
Ba mhinic lem thaobh tú go maorga fé chaithis;
   Ach anois ó táir tláthlag is go brách liomsa scartha,
   Ag Aon-Mhac na ngrást geal go hard go raibh d'anam.

NA TINCÉIRÍ

Tráthnóna breá ciúin is an ghrian le linn luí,
Is mé cois na tine fé shuaimhneas im shuí,
Tháinig bean bhocht don doras ag lorg lóistín
    Is í ag féachaint róthuirseach den bhóthar.
Bhí a slipéirí briste gan ranna gan bonn,
Is seanbhrat giobalach casta ar a ceann,
Ní raibh cosaint ón bhfuacht uirthi dá mbeadh sé ann,
    Is do thugas cead luí sa scioból di.

Do ghaibh sí liom buíochas[1] is dúras léi suí,
Go nglaofainn ar Nóra is go bhfaigheadh sí greim bídh;
Ach dúirt sí nár bheag léi uaimse lóistín,
    Is go gcasfadh sí tar éis a suipéir di.
Níorbh fhada gur rugadh go dian ar mo láimh,
Cé bheadh ann ach Nóra is í ag liúirigh go hard:
'Ó, éirigh id sheasamh, a Shéamais, a ghrá,
    Tá an macha amuigh lán de thincéirí.'

Do phreabas go tapa gan gíog as mo bhéal,
Is síos chun an dorais a chuas de ghlanléim;
Is cé gur theagmhaíos le bacaigh go fairsing im shaol,
    Thug na ridirí stáin úd an chraobh leo.
Bhí tincéirí buí ann is tincéirí rua,
Bhí tincéirí groí ann is tincéirí crua;
Is an bhean úd a tharraing óm chroí bochtsa trua,
    Mar ghiolla ag scuaine tincéirí.

Bhí asail don dúiche ann is stán don chontae,
Ceaintíní, cairteanna, is córacha tae;
Is stampa gan sult is a shrón mar chairéad,
    Ag tabhairt ordaithe láidre ina dtaobh uaidh.
Dúras leis stad dá chuid bóiceáil gan mhoill,
Is an aicme úd a thógaint amach as mo radharc:
'Ó, scrios,' arsa mise, 'chomh mear is tá id bhoinn,
    Mar ní háras é seo do thincéirí.'

'Bí ciúin, 'amadáin,' arsan stamaire cam,
'Ar dhaoinibh ded shórtsa is beag é ár mbeann;
Níl aon rud i gcóir dúinn anois, chuirfinn geall,
    Cé gur chuireamar cuntas roimh ré chughat.
Níl sásamh ná spleáchas le fáil agat uainn,
Ní guífear dod mhairbh is ní déanfar duit trua,

Ach thú ghreadadh sa smúsach mara n-imír go luath,
   Is sin léite duit dlí na dtincéirí.'

Le bun bata rámhainne bhí caite le m'ais
Do aimsíos mo bhuachaill ar dheiseacht sa chlab;
Is fé bhfuair sé na lapaí a chruinniú ina gceart
   Do síneadh sa macha go maol é.
A mhic ó mo chroí, nach againn a bhí an gleo!
An cogadh ar lasadh is an t-arm i gcóir,
Bhí an tlú ag Nóra i m'fhochair sa spórt,
   Agus goic uirthi ag lascadh tincéirí.

Bhí piontaí á lúbadh ag Nóra, gan trua,
Agus mise ag síorchnapadh ag cur bacach chun suain;
Bhí giolla an chaincín agus tochas 'na bhuaic,
   Ag faire ar an léirloitiméireacht.
Nuair a chonaic sé mo bhatasa ag triall ar a bhlaosc,
Thug sé ordú reatha don scata go léir,
Is d'fhan mise agus Nóra dá bplabadh le faobhar,
   Gur fhiachamar uainn na tincéirí.

¹ *baechas*

24

A THÍR GHEAL MO CHROÍ

Is taitneamhach soilseach an oíche í,
    Nach álainn, breá, niamhrach í an ré?
Ag taitneamh ar thalamh is ar thaoide,
    Óna háras ciúin réaltach sa spéir.
Tá maolchnoic is gleannta go gléigeal,
    An Bhreatain Bheag mhaorga ina luí;
Agus mise is mé ag machnamh i m'aonar
    I bhfad uait a thír gheal mo chroí.

Ba dheorach a bhíos-sa an lá úd,
    Ag fágaint mo shlán agat thiar;
Ag tabhairt m'aghaidh ar thíorthaibh thar sáile,
    Is mo chairde go brónach im dhiaidh.
Níl maidin ná nóin nach ag cuimhneamh
    Ar do ghlasghleanntaibh grianmhara bhím;
Is bíonn mo smaointe ag filleadh gach oíche
    Le gean ort, a thír gheal mo chroí.

Nach fada duit suaite faoin meirleach,
    Nach fada don tréatúir dod chrá;
An cladhaire atá dod dhíol is dod chéasadh,
    Is ná héagfaidh is baolach go brách.
Is trua liom go bhfuilir do d'fháisceadh
    Fé ghlúin ag an Sasanach buí,
Is do leanaí á ndíbirt thar sáile
    I bhfad uait, a thír gheal mo chroí.

Im shuí dom in uaigneas na hoíche,
    Iarraim achainí ar Rí geal na naomh:
Do ghleannta a lasadh le saoirse,
    Is tú a líonadh le plúr na bhfíor-Ghael;
Go deo deo go raibh tú gan bhuaireamh,
    Is bua agat dá bhreith ar gach tír;
Go dtuga Dia sonas fé shuaimhneas
    Go luath duit, a thír gheal mo chroí.

AN tIASCAIRE

I m'iascaire scléipeach do chaitheas-sa roinnt dem shaol,
Ar bharr taoide chaoifigh ag fiach an bhradáin go tréan;
   I gcoite gan foscadh do léiminn ar bharraibh na dtonn,
   Gach oíche sa lorg, is go minic gan puinn san abhainn.

Is mó oíche sheaca do chaitheas im shuí ar chlár,
Mo chosa á leathadh, is mo stiúrc mar leac im láimh;
   Más dóigh leat, a dhuine úd, gur obair dheas réidh í siúd,
   Tabhair oíche ar an uisce agus geallaim go múinfear thú.

Gach oíche Shathairn bhíodh againn spórt go leor,
Bhíodh na báillí ag faire agus dar ndóigh bhí báidh againn leo;
   Dá fheabhas a gcuid fartha is gan dearmad bhíodar géar,
   Bhíodh buaite orthu ar maidin is gan sásamh á thabhairt 'na thaobh.

Ní raibh sneachta ná báisteach choimeádfadh mé ó thigh Dé,
Ní raibh farthóir ná báille choimeádfadh den taoide mé;
   Ní raibh óstóir sa dúiche ná cuirfeadh romham fáilte fhial,
   Ná ógbhean im shiúlsa ná féadfainn a mhealladh im dhiaidh.

Céad slán leis an óige, ní thagann sí chughainn fé dhó,
Is nuair bhímid á tórramh is ea thuigimid í, mo bhrón;
   Níorbh fhada liom oíche ag iomramh báid fadó,
   Is gur ar chasadh na taoide bhínnse ag téamh sa spórt.

Is é mo léan gan mé im chónaí i gcúinne beag taobh le bád,
Ar bhruach na hAbhann Móire mar a léimeann an méithbhradán;
   An t-iasc ag friothaladh is ag preabadh sa líon go tréan,
   Nach mé bheadh go bríomhar ag tarraingt na dtéad le faobhar.

SLIABH GEAL gCUA NA FÉILE

A Shliabh gheal gCua na féile,
  Is fada uait i gcéin mé,
Im shuí cois cuain i m'aonar,
  Go tréithlag fé bhrón;
An tuile bhuí ar thaobh díom,
  Idir mé is tír mo chléibhe,
Is a Shliabh gheal gCua na féile
  Nach géar é mo sceol?

Dá mbeinnse i measc mo ghaoltaibh
  I Sceichín glas na séimhfhear,
Nuair scaipeann teas na gréine ann
  Ó spéir gheal gan trá;
Nó dá mbeinn ansiúd fén réaltain
  Nuair thiteann drúcht ar fhéar ann,
A Shliabh gheal gCua nár dhéirc sin
  Dá mb'fhéidir í d'fháil.

Mo léan, ná fuaireas tógaint
  Le léann is mórchuid eolais,
I nGaeilge uasal cheolmhar
  Ba sheolta mo bhéal;
Do threabhfainn cuairt thar sáile,
  Is do thabharfainn bua thar barr chughat,
Mar a Shliabh gheal gCua, ba bhreá liom
  Thú d'ardach i réim.

Mo ghrása thall na Déise,
  Idir bhántaibh, gleanntaibh is sléibhtibh,
Ó shnámhas anall thar tréanmhuir
  Táim traochta gan bhrí;
Ach ó b'áil le Dia mé a ghlaoch as,
  Mo shlánsa siar le hÉirinn,
Agus slán, a Shliabh na féile,
  Le saorchead óm chroí.

¹ *réiltean (lss)*

27

GABHAIRÍN BHAINNE AN TAE

A shliocht na bhfear ba thréine, más méin libh teacht gairid dom,
    Cluas a thabhairt dom tamall beag, is suí go socair ciúin,
Tabharfad cuntas cliste léir daoibh i nGaeilge bhreá, thaitneamhach
    Ar an léirscrios a mharaigh mé, is dh'fhág mé dubhach.

Bhíodh Peig ag sileadh súl, is dob ionadh nár cailleadh í,
    Ag slogadh tae gach maidin agus é ar dhath an tsúiche;[1]
Is do gheallas gabhar chun crúite di mhúchfadh an tart uirthi,
    Le leamhnacht ar maidin is istoíche fé chúr.

Ar pháirc Chaisleáin an tSléibhe ar an aonach a theagmhaigh mé
    Le gabhairín fuinniúil, beathaithe raibh meigeall léi go féar;
Bhí adharca breátha gléasta ar a héadan go caithiseach,
    Agus úth lán de bhainne aici is dealramh dá réir.

Do cheistigh mé ina taobh, is ba shéimh deas an freagra,
    Ná raibh ar chorp an mhargaidh gabhar bainne mar í siúd;
Ba í Peig a bhí go buíoch[2] nuair a ghlaos ag an doras léi,
    Ba dhóigh leat gur bronnadh uirthi leamhnacht na Mumhan.

Ba chluthar glan an t-áras, is ba shásta deas an leaba bheag
    A thugas ar cháirt bhainne di, is ní miste duit a rá
Go raibh min bhuí aici thar sáile, gan smáchail rian caladh uirthi
    San iomar ar lasadh, is í ag scaltadh go breá.

Ar eagla na hoíche is go gcuimhneodh mo pheata beag
    Ar pé botháinín amarach a dh'fhág sí as a diaidh,
Chuir mé ceangal uirthi shíleas ná scaoilfeadh go ceann seachtaine,
    Le stampa maith langaide den rae-gras ba shiaidh.

Bhí cúinne beag cabáiste sa ngairdín á fhaire agam,
    Is is dóigh liom ón lá baisteadh mé ná feaca mé a leithéid;
Bhí gach tor de siúd ar áilleacht, ba bhreá is ba dheas leat iad,
    Is a gcroí ar dhath an tsneachta fé scamall ar ghéag.

Ar maidin tar éis an aonaigh bhí an tae againn go dathaithe,
    Ach i ndomhnach, b'olc an margadh é, ba shearbh is ba dhaor,
Mar, cad a bheadh ná mo strainséir is faobhar ar an starra aici,
    Sa ngairdín ag stracadh an chabáiste go tréan.

Bhí claí agam leis an ngairdín a raibh garda maith aitinn air,
    Is sceach ná béarfadh asal as sa mbearna os cionn na gcloch;

Ach is beag de anois le fáil i ndiaidh m'áilleáin fhíormhallaithe,
Ach stampaí fuara cama agus bearna gan sceach[3].

I gcúrsaí an chabáiste, ná trácht air liom feasta arís,
  Tá mo chroí ina bhrus gan mhagadh daoibh, is Peig bhocht as a meabhair,
Tá an leathcheann ar an bpláta, na prátaí á scagadh aici,
  Agus saothar ár gcuid allais i mbolg an ghabhair.

Níl cuingir ann ná slabhra, srian, ceannrach ná langaide,
  Ná aon chóir eile cheangailte ná brisfeadh sí go réidh;
Is fíor ná rabhas i dteannta ná im bhreall riamh gur cheannaigh mé í,
  Is díth air mar bhainne, is é chuir sinn le déirc.

Sháfainn mo ghabhar, ach mo leabhar duit ná blaisfinn í,
  Tá mo ghráin chomh mór, chomh marbh ar an milltheoirín claon;
Ach chomh luath is thiocfaidh rabharta san abhainn beidh an ghaise aici,
  Beidh suaimhneas ag an mbaile is bíodh a sheans ag an tae.

[1] tsú
[2] baech
[3] scoch (lss)

AN SEAN-AONARÁN

Is seanduine mise atá i m'aonar,
　　Is ní raibh agam caomhnaí riamh;
Ach cé go ndeirtear go bhfuilim ró-aosta,
　　Ní chreidim ar aon chor iad.
Ní dála na mbuachaillí óga é,
　　Is agamsa bheadh gnó de mhnaoi,
Dá bhfaighinn teacht ar chailín beag gleoite,
　　A thógfadh an brón dem chroí.

Tá tigh beag agamsa cois bóthair,
　　Is asailín óg fé ghléas;
Is chuirfinn siopa beag cluthar i gcóir ann
　　Don chailín a gheobhadh liom féin.
Tá airgead tirim im phóca,
　　Agus troscán go leor fém dhíon;
Is nach é an donas ná féadfainnse pósadh,
　　Is ná faighinnse bean óg ná críon.

Tá toice bheag chrabanta ar m'eolas,
　　A bhfuil binneas 'na glór is greann;
Is do thriall mé ar an ainnir de ghnó glan
　　Ag coinne go ngeobhadh sí liom.
Is é freagra fuaireas-sa uaithi,
　　Is mo chroí bocht go crua á chrá,
Ná buille den tlú feadh na cluaise,
　　In áit geallúintí is grá.

Chuir mé aithne ar bhaintreach mhúinte,
　　Is phléigh mé mo chúis gan mhoill,
Ach d'fhreagair sí, 'a lodair, cé dúirt leat
　　Go bpósfainnse púca poill?
B'fhearr[1] liom seanduine ciúin deas,
　　A chuirfeadh leath a phinsiúin im láimh,
Ná tusa is do bhladar gan mhúineadh,
　　Led shiopa gan lón, gan aird.'

Ní bhfaighinn teacht ar chailín beag sásta,
　　Ná ar fhinnebhean ard gan chluain;
Ní bhfaighinn teacht ar sheanbhean ghrámhar,
　　Ná ar bhaintreach bhán ná rua.
Ach ní bheidh mé dom bhodhradh níos mó leo,
　　Is ní bheidh orm brón 'na dtaobh;

Mar fanfad i m'aonar go deo anois,
 Is caithfead mo lón liom féin.

[1] *b'fhearra*

CEÁRTA MHICIL de hÓRDHA

I gceárta Mhicil is gnáthach mise
   Go bearrtha, cimilte, gléasta;
An oíche ag titim, mo phíopa ar inneall,
   Is mé im shuí cois boilg ag séideadh.
Caortha dearga, tréana ag preabadh
   Ina dtréadaibh mallaithe, dóite;
Is sárfhear imeartha ag tiomáint le fuinneamh
   I gceárta Mhicil de hÓrdha.

Is crua é Micil ag suathadh tine,
   Nó ag bualadh buille le tréan-neart;
An buachaill tapa gan ghruaim, gan mhairg,
   Ná buafadh dada ina cheird air.
Bíonn céachtaí cama na gcaolshoc fada,
   Agus gléas an earraigh san fhómhar ann;
Bíonn bánta á mbriseadh le brácaí rinneadh
   I gceárta Mhicil de hÓrdha.

Níl fál ar barrchrith[1], báire ar fhaiche,
   Ná ráfla ceapadh sa dúiche
Ná bíonn á stealladh le líofacht teangan,
   Is suíomhnú cealgach dúr air.
Is ann a thagann le fonn chun bladair
   An mheabhair is fearr[2] sa pharóiste[3],
Ó b'fhearrde duine bheith lá 'na gcuideachta,
   I gceárta Mhicil de hÓrdha.

Ó Ladhair an Aitinn go Ladhair an Bhealaigh,
   Is id radharc go barr[4] Chruacháin theas,
Gach miúil is capall is crúibín asail,
   Ansiúd a thagaid don cheárta.
Bíonn rámhainne geala agus sleáin, a chara,
   Grafáin, is spranganna gleoite,
Go sásta socair ar scáth an dorais,
   I gceárta Mhicil de hÓrdha.

Bíonn Tomás an Chapaill is Seán an Asail
   Le dhá shórt seanrud aosta ann;
Mártan searbh na Cránach mallaithe,
   Is fáinne cealgach géar uaidh.
Iarnaí trucaile ó Liam an Ghliogair,
   Is cliath ó Dhonnchadh an Chóta;

Ó, chráfadh cuid acu bráithre Mheilearaí,
I gceárta Mhicil de hÓrdha.

Mo ghraidhn é Micil ar aghaidh na tine,
    Go meidhreach, fiosrach, cainteach,
Mo ghrá mo chara go láidir tapaidh,
    Ag lámhú casúir le hintinn.
Má thránn sé gloine ag sáil na tine,
    Is le grá dá chuideachta ghleoite é,
An bás id ghoire go brách nár thite,
    A cheárta Mhicil de hÓrdha.

---

[1] *barrachrith*

[2] *fearra*

[3] *phróiste*

[4] *barra*

AN PEIDLÉIRÍN SÉIMH

Tá peidléirín séimh deas a ghabhann tríd an mbaile againn,
    Firín beag caol, tanaí, meigeallach, críon,
A bhfuil bróga gan sála agus bríste mór fairsing air,
    Cruit os cionn cruite fé chóta bréidín.

Ní fheadar cár deineadh a chloigeann a fhliuchadh,
    Is níor chloiseas a ainm ó bhean gheal an tí,
Ach bíonn fáilte ag an dúiche roimh pheidléir na ngiobal;
    Is is cuma leo cad as a bhuaileann sé an tslí.

Is iontach an scrios a gheibheann cúibeanna is frathacha,
    Cúinne gach cúlach go bun an bhoimbéil;
Gach poll is prachán is gach póirse beag acrach,
    Díolaid siad cíos leis an bpeidléir go daor.

An t-éadach is daoire le fáil ins an siopa,
    Is is airde[1] gheibheann gradam ó bhean gheal an tí,
Is é a dheireadh siúd áras ó pheidléir na ngiobal,
    Is is cuma leo cad as a bhuaileann sé an tslí.

Is álainn é a bhosca is a stropa breá leathair air,
    Fáiscithe, daingean le búclaí práis;
Níl easnamh aon chistean ná bíonn aige bailithe,
    Uirlisí canta do dhaoine deaslámhach'.

Tá an biorán rug bua chun an dealg a phiocadh,
    Is an tsnáthaid fhuálann do bhean gheal an tí
Ina bhosca ag an bpeidléir ag mealladh na ngiobal,
    Is is cuma leo cad as a bhuaileann sé an tslí.

Is milis í a theanga, is is cliste chun seanchais,
    Thabharfadh sé bladar do shluaitibh na Mumhan;
Níl aon rud nár chlois sé is is beag ann ná feaca sé,
    Bhuaigh sé ar a maireann de chladhairibh siúil.

Tá scéalta aige chuirfeadh croí tréanfhir ag fiuchadh,
    Agus scéilíní d'oireann do bhean gheal an tí;
Is a dheireadh go meallann sé mála mór giobal,
    Is is cuma leo cad as a bhuaileann sé an tslí.

An tseanbhean shámh a bhfuil cailíní óga aici,
    Tnúthán le cliamhain agus raidhse mhaith spré,

Is é an peidléir a bheireann an scéala thar teorainn di,
   Fáiscithe i ngiobal i ngan fhios don tsaol.

An t-ógfhear gan peata ina thigh ach an criogar,
   Is an mhaighdean ar imigh a maise le suirí,
Bíonn fáilte ina gcroí acu roimh pheidléir na ngiobal,
   Is is cuma leo cad as a bhuaileann sé an tslí.

[1] *aoirde*

MO THIGH BEAG AERACH

Tá crainnín aonair a bhfuil air géaga
  A bhriseann géarshioc is gaoth aduaidh
Ag fás go treorach ó thráth nach eol dom,
  Is sásta gleoite é is, gan bhréag, is buan;
Tá éinín páirteach ar ghéag ina bharrsan
  Is é go fáiltiúil ag labhairt ó chroí,
Is i bhfios dom féineach[1] tá suite taobh leis
  Mo thigh beag aerach sa ngleann seo thíos.

Tá sruth ar m'eolas ag rith go ceolmhar
  As ucht an mhórchnoic le fána anuas,
A bhfuil poirt is féar glas á fhoiliú in éineacht,
  Is á chur gan bhuíochas[2] 'na bhráighe chun cuain;
Tá an t-eas ag géimnigh ann, an breac ag léimnigh,
  Is an bheach ag saothrú le fonn chun tís,
Is mise i m'aonar cois tine ag éisteacht,
  Im thigh beag aerach sa ngleann seo thíos.

Ó éirí gréine go dtéann sí fé thiar,
  Tá a haghaidh go séimhgheal ar m'áras féin;
Is ionmhain léi mo phinniúir aolmhar',
  Is m'fhuinneog léirghlan i lár an lae;
Is deas gan bhréig daoibh a thagann sé dó,
  Is í ag bailiú léi thar toinn is tír;
Níl ionad saolta chomh cluthar néata
  Lem thigh beag aerach sa ngleann seo thíos.

Ní iarrfainn aoibhneas, ní iarrfainn saoirse,
  Ní iarrfainn choíche caisleán ná cúirt;
Níl eolas uaimse ar ór ná ar uaisleacht,
  Ná ar bhóiceáil uaibhreach ag soláthar clú;
Mo thrua gach éinne atá ar thuairisc féile,
  Níl uaimse ar aon chor mar gheall sa tír,
Ach mo chrainnín aonair, mo shruth is m'éinín,
  Is mo thigh beag aerach sa ngleann seo thíos.

[1] *féin*
[2] *bhaechas*

36

AN MÁLA

Táimse crapaithe, crapaithe,
   Táimse crapaithe, cráite,
Táimse crapaithe, crapaithe,
   D'iarraidh bheith ag iompar an mhála;
Bítear ag magadh is ag magadh fúm,
   Bítear ag magadh gach lá fúm,
Bítear ag magadh is ag magadh fúm,
   I dtaobh bheith ag iompar an mhála.

   Curfá:
   Táimse crapaithe, crapaithe,
   Táimse crapaithe, cráite,
   Táimse crapaithe, crapaithe,
   D'iarraidh bheith ag iompar an mhála.

Bhíos-sa tamall im scafaire,
   Bhíos-sa tamall go láidir,
Bhíos-sa tamall im scafaire,
   Is shíleas ná feicfinn go brách é;
Tháinig an aois is an siolgar,
   Tháinig an briseadh ar mo shláinte,
Tháinig an aois is an siolgar,
   Is b'éigean dom breith ar an mála.

   Curfá

Siúl na gcnoc is na ngarraithe,
   Siúl na gcurraithe báite,
Siúl go moch is go stracaithe,
   Siúd mar a thiteann an lá liom;
Uaireanta luím ar an leaba,
   Is uaireanta bím ar an bhfáithim,
Uaireanta bímse gan dada
   Ach suí cois an chlaí ar an mála.

   Curfá

Gadhar ní sceamhann go mallaithe,
   Leadhb ní thagann go tairseach,
Snaidhm ní ghreadaim ar sheanchat
   Ná cuireann m'ainm in airde;
Cé go mbím féin ins an bhfairsinge,

Féile ní fhaighim ach go fánach,
Cé go mbím féin in san bhfairsinge,
Is caol liom a dtéann ins an mála.

Curfá

Gheofar mise go hamalach
    Fós gan duine bheith lámh liom,
Gheofar mise go hamalach,
    Gheofar sa tuile mé báite;
Dá mbeinn i m'asal do mhangaire,
    Thabharfadh sé bata go hard dom,
Tá fhios ag an dtalamh go mb'fhearr[1]
    Sin ná bheith ag iompar an mhála.

Curfá

[1] *mb'fhearra*

AN MÁISTIR ÓG

Is ait liom féineach[1] a mbíonn ag gearán,
Ag breacadh bréige is ag maíomh ar chách;
   Ní liomsa an cheird sin a mhill an tsló,
   Mar is fios don tsaol gur mé an máistir óg.

Ní sclogann fuacht mé le labhairt an éin,
Is ní chlogann ruatheas an tsamhraidh mé;
   Ní cuid dem thriallsa bheith i bhfeighil na mbó,
   Mar ní cuirtear srian leis an máistir óg.

Is seolta séimh mé is is bríomhar siúl,
Lem bhróga gléasta is lem bhríste glún;
   Gach gearrchúilfhionn is maighdean chóir,
   Bíd ag bagairt súl ar an máistir óg.

I measc na n-ógfhear bíonn gáire is greann,
Nuair castar leo mé go láidir, teann;
   I bhfriotal éinne ní fhaightear spórt,
   Is ní cuirtear spéis ach sa máistir óg.

Is sultmhar sásta gach áit dá dtéim,
Lem smiota gáire is lem ráite grinn;
   I gcrích na n-ársach bíonn feidhm im ghlór,
   Mar saoi thar chách is ea an máistir óg.

Nuair tugtar uain dom is gheobhad le bé,
Pé dubh nó rua di, beidh mórchuid léi;
   Pé duine thréigfidh as radharc na sló,
   Beidh gile gréine ar an máistir óg.

[1] *féin*

AN BAILE SEO AGAINNE

Is mairg ná ligeann a sheol síos
Sa mbaile seo a bhfuilim ar lóistín;
    Níl aicme sa chruinne
    Do bhainfeadh an ribe
Den aicme atá istigh ann ina gcónaí.

Tá siopadóir gasta sa tsráid cham,
Ag piocadh gach leathphingne ón ardbhreall
    Le culaith so-chaite
    Do rugadh thar caladh,
Is le giobal ó mhargadh Sheáin thall.

Is cinnte go bhfuil againn búistéir,
Is cé ná fuilimse cliste ar an gcruacheird,
    Bíonn mart aige ar sileadh
    Ná leagtar le fuinneamh,
Ná le dada ach le laige is le tnúth féir.

Tá faraire foclach fáidhiúil
Bhíonn ag faire ar gach folt atá sláintiúil;
    Is é stathfadh an stothall
    Is a scriosfadh an scrogall,
Gan cimilt de stropa ar a rásúr.

Má castar ort gasra an ghlámháin,
Ní rachair abhaile gan chnáimhseáil;
    Ní fhágfaidís leathphingne
    Id mhála beag leathair,
Ná tráfaidís as í le plámás.

Mo chreach is mo dheacair go daor, dian,
Mo theacht ar an mbaile seo ag plé riamh;
    Is murach Máire bheith i m'fhochair,
    Mo lámh agus m'fhocal
Go bhfágfainnse i bhfochair a chéile iad.

NÓIRÍN BHÁN MO CHLÉIBH

Is daoirseach dubhach atáimse
   Dom sheoladh im scáil gan scéimh,
Mo bhrí, mo lúth, mo lán-neart,
   Nach eol a dtásc dom féin;
Mo smaointe amú gan aird uaim,
   Is mé ag feochadh ar fán go faon,
Ó luíos mo shúil le lánchion
   Ar Nóirín Bhán mo chléibh[1].

Im shuí ar chiumhais na trá dom,
   Do seoladh lámh liom féin
An fhaoileann mhúinte, mhánla,
   Ba ghleoite is b'áille scéimh;
Ba chaoin, ba chiúin gan cháim í,
   Is ba cheol a ráite béil,
Is do bhíog mé ansiúd le barrghean
   Do Nóirín Bhán mo chléibh.

Do bhíos thar triúch im fhánaí
   Ar bhóithribh bána an tsaoil,
Is is fíor gur shiúil mé a lán díobh
   Ar thóir mo shásaimh féin;
Níl ríon ansiúd le háireamh,
   Cé mór i gcáil is i réim,
Ná stríocfadh túis na háille
   Do Nóirín Bhán mo chléibh.

Tá an taoide ag tnúth le tráchant[2]
   Is mo sheol go hard i ngléas,
Is más cuí léi siúd ná cách mé,
   Níl ór i m'áireamh léi;
Ach scaoilfeam fúinn ár mbád beag,
   Go seolta, sásta, séimh,
Is beidh aoibhneas úr thar sáile
   Ag Nóirín Bhán mo chléibh.

[1] *chlé*
[2] *trá*

41

RINN NA nGAEL

Tá gaoth an tuaiscirt ag séideadh aduaidh chughainn,
   Is Phoebus[1] uasal go hard san aer;
Tá an saol go huaibhreach is Gaeil ag gluaiseacht,
   Ina gcéadta ar thuairisc na trá go tréan.
Tá an bhliain is a saothar im dhiaidhse féineach[2],
   Is a rian go léircheart ar m'aghaidh gan bhréag;
Is beidh mo thriall go héasca i ndiaidh mo mhéine,
   Go hiath na saorfhear i Rinn na nGael.

Bíonn blátha néata ann ag fás gan traochadh,
   Bíonn barr na gcraobh ann ag déanamh ceoil;
Nach breá í an tréanmhuir ag trá is ag teacht[3] ann
   Mar a snámhann na céadta idir aosta is óg.
Bíonn spórt is aoibhneas sa ló gan scíth ann,
   Bíonn ceol gach oíche go binn ar ghléas,
Is glór na taoide i mbéal na gaoithe
   Go seolta sítheach i Rinn na nGael.

Bíonn sárfhear suairc ó gach aird aduaidh ann,
   Is an cháidhbhean uasal gan chuan, gan cháim,
Ag soláthar bua i ngach cáil ba dhual dóibh
   Sa choláiste mór úd ar bhruach na trá.
Tá an t-aer is an bhóchna, lucht léinn is eolais
   Ag glaoch go ceolmhar is m'intinn réidh.
Ar theacht[4] na nóna béad féin ar bóthar,
   Is is léir é m'eolas go Rinn na nGael.

[1] Phoébus
[2] féin
[3] téacht
[4] théacht

SEÁN Ó DÍ IS A CHUIDEACHTA

Thíos ar shráid na trá
  Tá Seán Ó Dí agus siopa aige;
Bím 'na dháil gach lá,
  Mar táim go síor 'na chuideachtain.
Cé gur bhreá liom féin
  Seán ar thaobh na fothana,
Cé gur breá liom é,
  Más ea féin is cuma liom.

    Curfá
  Buailigí síos an tsráid,
  Beidh fáilte daoibh go cuideartha;
  Buailigí síos an tsráid,
  Chun Sheáin Uí Dhí is a chuideachtan.

Gheofar tae ansiúd,
  Is siúcra mín le caitheamh air;
Gheofar saor an plúr,
  Is b'fhiú duit é bhreith abhaile leat.
Chífear fíonta is faghairt
  Má théitear síos á lorg ann;
Bítear thíos gan mhoill,
  Ach téimse fé gur cuma liom.

    Curfá

Tá gach ní le fáil,
  Ó thairseach tí go frathachaibh;
Tá gach ní le fáil
  Ó Sheán seo thíos ar airgead.
Cé go mbeinn go buíoch[1]
  Dá mbeadh glaoch sa siopa aige;
Cé go mbeinn go buíoch[1]
  Más ea féin is cuma liom.

    Curfá

[1] *baech*

43

TEAMHAIR NA RÍ

Ag siúl i m'aonar domsa aréir,
 Is an tír go domhain fé cheo,
An drúcht go tréan ag múchadh an fhéir,
 Is an oíche i bhfeighil a gnó,
Cé sheolfaí chugham sa ród ansiúd,
 Ach buachaill dealrach groí;
Bhí a shnó gan smúit go dóchasúil
 Ó thuaidh ar Theamhair na Rí.

Bhí faobhar is faghairt gan bhréag 'na aghaidh,
 Is b'oilte, tapaidh a chéim;
Ba ghléigeal, shoilseach, ghéar a chlaíomh,
 Ar sileadh leis go féar.
Do labhras féin: 'A thogha na laoch,
 Is uaigneach liom ataoi.'
'Is é m'fhonn,' ar sé, 'le fabhra an lae,
 Bheith thuaidh i dTeamhair na Rí.

Tá glaoite ar chúnamh[1] ag Éirinn óg,
 Is buailfidh sí gan mhoill;
Tá faobhar na nÓglach léi sa ngleo,
 Is ruagfaidh sí na Gaill.
Tá an iarracht buailte ó shliabh go cuan,
 Is trí na[2] gleanntaibh síos,
A bhéarfaidh bua go niamhrach buan
 Arís go Teamhair na Rí.

An oíche aréir, an oíche aréir!
 Ná fillfidh chughainn arís;
Is mó taoiseach tréan is rífhear séimh,
 Gan mheidhir ansiúd 'na luí
I gcré, nó beo, ár mbuíochas[3] leo,
 B'iad ár gcabhair go fíor
An tréanfhuil óg nár ghéill don cheo,
 Is a thriall ar Theamhair na Rí.

[1] *chónamh*
[2] *trísna*
[3] *mbaechas*

TÍR NA nGAEL

Is í tír na laoch í tír na nGael,
Is í tír na féile í is tír na naomh;
Is í tír na dtréithe í is fearr le léamh,
Is tír na spéirbhan is áille scéimh.

Curfá
A chrú na féile is a shíol na mbua,
Dlúithigí le chéile is bígí buan;
Ní shéanfam choíche Clár Uí Néill,
Is ní ghéillfimid ach do Ghráinne Mhaol.

Níor thréig ár sinsir críoch na bhFiann,
Ba ghéar a gclaíomh is ba dhílis iad;
Is fial le háireamh is is léir do chách,
A rian, a gcáil, is a n-éirim ard.

Curfá

Ní dríodar daor iad sluaite Gael,
Ach síolrach saorfhear is uaisle céim;
Go teacht[1] na taoide ar bharr an tsléibhe[2]
Beidh féith na saoirse i nGráinne Mhaol.

Curfá

[1] *téacht*
[2] *tslé*

45

AN SAMHRADH AG FILLEADH GO hÉIRINN

Tá an geimhreadh caite agus greim an ghairfin
   Mhilltigh, mhallaithe réabtha,
An ghrian ag taitneamh i ndiaidh na fearthainne,
   Is fialacht earraigh mar aon léi;
Na mílte capall ag cíoradh garraithe,
   Síol i dtalamh á thaoscadh,
An abhainn ag titim, an rabharta imithe,
   Is an samhradh ag filleadh go hÉirinn.

Tá taibhse tagaithe ar choilltibh cheana,
   Na crainn ag breacadh go néata,
Na héin ag labhairt ar ghéagaibh glasa,
   Le faobhar ag freagairt a chéile;
Mórchuid beach ag cur tuairisc meala,
   Na huain ag preabadh is ag léimnigh,
Greann in ionad na dtonn a d'imigh,
   Is an samhradh ag filleadh go hÉirinn.

Is seolta sugarach glór an tsrutha,
   Is is gleoite ag fiuchadh go gléigeal,
Tá meidhir ag casadh gan teimheal de scamall
   Ar mhuintir bheannaithe Éilge;
Grá le m'anam na bánta glasa,
   Mo ghrá go dearbh na sléibhte;
Beidh greann anois ins na gleanntaibh binne,
   Is an samhradh ag filleadh go hÉirinn.

BARRA NA hUÍDHRE

I nGleanntán aerach na hUídhre
    Tá an gasra bríomhar séimh,
Is ann atá an Ghaeilge go líofa,
    Agus taitneamh do thír na laoch;
Tá an garda ina sheasamh go groí ann,
    Is titfidh leis dríodar fill,
Mo ghrása Barra na hUídhre,
    Is é chuirfeadh i ndísc na Gaill.

Is mó tréanfhear meanmnach, meabhrach
    Thug sealad sa ngleann ar fán,
Is níor bhaol dó fala ná feallbheart
    Dá bhfanadh sé ann go brách;
Don tsárfhear seasmhach dílis
    A thug taitneamh dá thír is grá,
Bhí áras i mBarra na hUídhre,
    Agus caradas fíor le fáil.

Mo chumha is mo dheacair go déarach,
    Ár dteanga go tréith á cloí,
Agus drúcht ar mhachairibh Éibhir,
    Á ndalladh le Béarla an rí;
Ach ólfadsa sláinte na rífhear
    Mar a maireann an bhrí is an greann,
Mo cheolsa bánta na hUídhre,
    Is gach baile breá aoibhinn ann.

A THÍR MO DHÚCHAIS

A thír mo dhúchais, a mháthair mhín,
    Mo rogha thar thíorthaibh eile an domhain;
B'fhada bhís go lag id luí,
    Go searbhchroíoch agus go fann.
B'fhada bhís gan mheidhir id ghnúis,
    Ach scamaill dhubha ag múchadh an ghrinn,
Fá dhaorsmacht agus dianbhrú
    Ag an gciarbhrúid i leith thar linn.

Bhí lá agat, a mháthair chaoin,
    Is tú go bríomhar, láidir, teann;
Bhí óige gheal ar lasadh id chroí,
    Is coróin ríoga ar do cheann.
Go gradamach, onórach, caomh,
    Gan cheo, gan traochadh le doilíos,
Do dháilis díon ar mhíle naomh,
    Is scaipis léann ó thír go tír.

Ba leatsa togha na laoch ab fhearr[1],
    Is b'airde[2] cáil le fáil i nglia;
Na smaointe b'uaisle scinn ó bhard,
    Duit féin amháin do cumadh iad.
Bhí do theanga cheolmhar mhilis féin
    I mbéal gach Gaeil fé lán seoil[3],
Is tú go soilseach, niamhrach, séimh,
    Ar thíorthaibh tréana an domhain mhóir.

Ach thit an oíche is dhubhaigh an spéir,
    Is tháinig meirleach dúchroíoch buí;
A dhianchreachadh is a theanga chlaon,
    D'fhág go tréith thú gan neart, gan bhrí.
Mo chreach, an Ghaeilge go traochta, tláth,
    Is í fuair an crá is an briseadh croí,
Is í fuair an díbirt is an cur le fán,
    Agus tusa, a mháthair, ag gol go fuíoch.

B'fhada an oíche í — b'fhada is b'fhiáin[4] —
    Is cé go raibh sí dian ort níor chuais fé fhód;
Tá an lá ag gealadh is an ghaoth id dhiaidh,
    Is chím an ghrian ann ag scaipeadh an cheo.
Cloisim an Ghaeilge arís go suairc,
    Go fíor, uasal mar is cóir,

Agus píb d'óige ag teacht le fuaim
  Ag breith bua le binneas ceoil.

Do tháinig chughat ar uair do ghá
  An Conradh breá, bríomhar, tréan;
Is é thug do Ghaeilge saor ón mbás,
  Is a mhúin dúinn grá thabhairt ó chroí don mbé.
Is é shaothraigh dúinn an tOireachtas mór,
  Mar a gcuirtear spórt ar chlár don nGael;
Cumtar dánta ann, seinntear ceol,
  Agus tugtar eolas do chách ort féin.

Cloisim an chláirseach ann, is an phíb,
  Is an teanga líofa, léannta, shéimh;
Cloisim an dán á thabhairt ó chroí
  I nGaeilge mhín, bhlasta, réidh.
Chím ann plúr do chlainne cróga
  Is iad lán de dhóchas, go lúfar, groí;
Is iad a chuirfidh an bhrí id ghlór,
  Is a dhéanfaidh fós thú mar bhís.

Éirigh, a mháthair, tá an ghrian 'na suí,
  Is níl den oíche ann ach fabhra thiar;
Tá bánta á dtreabhadh is á gcur fé shíol,
  Tá drúcht na saoirse ann ó chuan go sliabh.
Tá an Ghaeilge óg ina geamhar tréan
  Ar aghaidh na gréine is a cúl ó thuaidh,
Is, a mháthair cheansa, le cúnamh[5] Dé,
  Beidh fómhar méith agat go luath.

[1] *fheárr*
[2] *aoirde*
[3] *lántseol (lss)*
[4] *b'fhiain*
[5] *cónamh*

IS SEARBH AN SCÉAL

Is searbh an scéal is is éachtach ait,
I lagaibh na nDéise Gaelach glas,
Go bhfuil teanga na naomh, mo léan, go lag,
Is sealbh gach béil ag Béarla breac.

Cad a thit ar an tír a chríon a creat?
Cad a chuir ar a smaointe snaidhm le gad?
Ná tuigtear do shíolrach Gaeil is Airt
A dtuillid mar dhíol ar ghníomh nach ceart?

An bhfeicid na triatha rian a reacht'?
A thoil ag an iarla — srian is each;
Na Ceiltigh ag triall 'na gcliar amach,
Ag teitheadh go dian, mo chiach an chreach!

Ní mar sin a bhíodh i gcríochaibh Loirc,
Ach garbh is mín ann fíor go smior;
Do scaipeadh ár sinsir saoithe soir,
Ar m'fhallaing go fíor nár dhríodar sinn.

Bhí teagasc sna Déise, is féile, feacht,
Is meas orthu féin i bhféithibh fear;
Ní hanglais Béarla bhréin gan bhlas
A thaithigh a dtréad, ach Gaeilge ghlan.

Ach lagaigh an léann is thréig a meas,
Ar theangain na dtréan nár ghéill i gcath;
Scaradh na nGael le séad a sean,
D'fhág learg na laoch go léanmhar leamh.

Ach casfaidh an stuaim bhí ina suan le seal,
Gealfaidh ar ghruaim go luath, im mheas;
Airím im chluais an fhuaim ag teacht,
Macalla na sua ag fuascailt fear.

Casfaidh na tréithe a thréig 'nár measc,
Casfaidh an léann is an laochas ceart;
Casfaidh an Ghaeilge phéarlach, phras,
Casfaidh chughainn Éire saor ar fad.

SIN É AN RUD D'AIRIGH MÉ ARÉIR

Aréir is mé ag tarraingt ón aonach abhaile
    Do ghlaos go tigh Pheadair na Rann;
Is de réir mar d'airigh mé, is éachtach an aicme
    Atá in Éirinn le tamall anall.
Tá céasadh agus casadh ann, tá géarghoin is gearradh,
    Lucht éithigh, lucht magaidh agus scléipe;
Ní hé sin a mheasaim ar aon chor, a chara,
    Ach sin é an rud d'airigh mé aréir.

Chuaigh Póilín don aonach le bó bheag an Phaoraigh,
    Is le hordú ó bhéal milis Cháit,
Gan í ligint uaidh choíche gan an phingin ab airde[1],
    Pé duine bheadh thíos de sa rás.
Bhí beinín beag aosta a chaith pingin san aer dó,
    Is sciob sí gan phlé léi an mhaol;
Más é sin a bhain dó, ba scléipeach an bheart é,
    Ach sin é an rud d'airigh mé aréir.

Ar an dtraen go dtí an Charraig bhí spéirbhean is madra,
    Is ba é bhí go seascair 'na binn;
Bhí fear ann sa chúinne nár bhain leis an gcúilfhionn,
    Is dhearg sé a dhriúda gan mhoill.
D'iompaigh an fhaoileann go cancrach, fíochmhar,
    Mo leabhar duit gur bhríomhar a léim;
Chuir lámh ar an driúda agus lámhaigh sí ansiúd é
    Trí lár na fuinneoige le faobhar.

D'éirigh an fear bocht gan aighneas, gan achrann,
    Is rug greim ar an madra beag mín;
Do sháigh sé go cliste tríd an bpána bhí briste é,
    Is ní thráchtfaí ó shin ar an ngníomh,
Ach sa Charraig ag tuirlingt, cad a theagmhódh ansiúd leo,
    Ná an madra — is an driúda ina bhéal.
Dar ndóigh b'fhéidir, a chara, gur éitheach ar fad é,
    Ach sin é an rud d'airigh mé aréir.

Chuaigh Síle agus Dónall lá saoire go hEochaill,
    Is bhíodar go treorach ag imeacht;
Bhí airgead 'na bpóca, do cheannaíodar mórchuid,
    Is bhailíodar leo iad sa chairt.
Bhí Síle róghnóthach chun cuimhneamh ar Dhónall,
    Is bhíogaigh sí an póiní gan é;

Ach tar éis teacht abhaile, bhí faobhar ar a theangain,
  Sin é an rud d'airigh mé aréir.

Tá cailíní an Tuaiscirt ag bearradh a gcuid gruaige,
  Ag gearradh na gcuach is á ndó;
Má leanann an tslí sin, ní stadfar leo choíche
  Go mbeidh an fear bocht go híseal im dhóigh.
Céad glóire agus buíochas², ní dóigh liom ar aon chor,
  Go bhfuil ógbhean in Éirinn chomh baoth;
Ach, éiteach nó magadh, ní bréag dom é, a chara,
  Sin é an rud d'airigh mé aréir.

Mo cheol iad na séimhfhir ar an gComhairle Contae seo,
  Comhairleoirí na féile gan trá,
A chuir feoirling mhór thréan ar fheirmeoirí na nDéise
  Thabharfaidh eolas ar Ghaeilge do chách;
Gaeilge ar fheoirling, mo léansa go dóite
  Gan gach aon rud fén gComhairle chomh saor!
Tá Déisigh á gcreachadh ag féile na bhfear seo,
  Sin é an rud d'airigh mé aréir.

¹ aoirde
² baechas

PÁDRAIG Ó DÍ

Ag cúinne na ceárta ar shráid an Chnoic Bhuí
Bhí cúilín is bráca ag Pádraig Ó Dí;
   Tigh beag béal bóthair gan mórtas ar domhan,
   A raibh iostas i gcónaí don ródaí bocht ann.

Bhí asailín gleoite aige ar bhóthar na mbád,
Ag tarraingt gach córach 'na chóiste beag cláir;
   Is an méid a bhíodh spártha tar éis sásamh an tí,
   Gheibheadh déircigh an mhála é ó Phádraig Ó Dí.

Ach d'éalaigh na blianta air is an ciach a ghabhann leo,
D'éalaigh an liafholt is a rian ar a shnó;
   Bhí Pádraig bocht caite ar an leaba go tréith,
   Ag trácht ar a pheacaí le fear ionaid Dé.

Ba sheanchas fada é mar b'annamh 'na shaol
A bhac sé le sagart, le paidir ná cré;
   Ach 'na dhiaidh sin, níor thuill sé bheith deighilte ná daor,
   Ní raibh ciach air ná leigheasfeadh an dea-shagart séimh.

I ndeireadh na dála bhí Pádraig bocht réidh,
Is ag feitheamh le cárta go háras na naomh;
   Bhí saorchead an tsagairt á cheapadh ina cheann,
   Nuair éalaigh an t-anam gan fuireach leis an am.

Bhí deamhan ar an tairsing ag fuireach leis an mbráighe,
Bhí deamhan eile ina aice is é i ngalar na spág;
   Shleamhnaigh an t-anam go tapa thar bráid,
   Steall sé le speach iad, is as leis go brách.

D'éirigh le Pádraig is d'ardaigh sé a sheol,
Ach d'éirigh na táinte acu in airde ina dheoidh;
   D'aithníodar ná raibh aige teideal dul suas,
   Is shíleadar breith air sara bhfeiceadh sé an cuan.

Ba thrua leat an fear bocht ag imeacht ins an aer,
Gan tuairisc rómhaith aige ar gheata na naomh;
   Creimirí an íochtair 'na mílte ar a thóir,
   Is é deich milliún míle ó Bhuí-Chnoc na sló.

Trasna thar Venus[1] bhí féirsce is *buzzá,*
Bhí bagairt is béiceach ag déanamh thar Mhars[2];

53

Bhí Pádraig i dteannta is ag tabhairt ins an rás,
Is murach an t-ádh bheith ina theannta bhí an diabhal air go brách.

Buidéal uisce coisricthe a sciob sé den mbord,
Chun braon beag de a chroitheadh mar chosaint sa ród;
    Níor chuimhnigh 'na cheann air go ndeachaigh sé go Mars[2],
    Is dríodar na ndeamhan ag cur scanradh ar a scáil.

Tharraing sé an corc as is chroith sé go cruinn
Gaise bhreá choisricthe ar chrochairí an fhill;
    Scuabadh an ghramaisc 'na lasarachaibh síos,
    Is chuadar i dtalamh i mBarra an Chnoic Bhuí.

'Mo léan! ' arsa Pádraig, 'Cad é an[3] fán a bhain dúinn?
Nó cad é [4] cúis ar fhágas an tsráid gan cheiliúr?
    Is dócha dá bhfanainn le teachtaireacht Dé,
    Gur fadó bheinn sna Flaithis fé ghradam im naomh.'

Níor chian dó go bhfeaca sé geata mór ard,
Thriall sé gan stad air is bhreathnaigh an áit;
    Geata chomh soilseach níor taibhreadh dó riamh,
    'Amasa,' arsan taibhse, 'ní rachadsa níos sia.'

Liúigh sé ar Pheadar, is d'fhreagair go séimh
Sealbhadóir na nglas bhí ag faire air go géar;
    'Más meon leat, a chara, na Flaithis mar dhíon,
    Tabhair eolas ar d'ainm is cad as duit thíos.'

D'fhreagair an fánaí: 'Is mé Pádraig Ó Dí,
Is is gairid ó d'fhágas-sa sráid an Chnoic Bhuí;
    Fáiltigh, is fuascail gan ghruaim ar mo dhíth,
    Mar ba scrábach an chuairt í ar thuairisc do thí.'

'Is trua liom,' ar Peadar, 'i dtalamh na mbeo,
Nár chuala mé ainm an bhaile sin fós;
    Dá mhéad díobh a tháinig ó d'fhágas an Róimh,
    Níl aon neach ón áit sin le háireamh im shló.'

'Mo dheacair fá thrí,' arsan díbirtheach faon,
'Ar m'fhallaing gur shíleas gur naoimh iad go léir;
    Ach ós mar sin atá an scéal is gur tháinig mé chughat,
    Tabhair beatha na ngrás dom is áras sa dún.'

Bhí an naomh ina sheasamh is an eochair 'na láimh,

D'fhéach sé go cneasta is chogair go lách:
  'Is cinnte gur mhaith liom is gur mhaith linn go léir,
  Duine ó gach baile bheith i measc na bhfiréan.

Tá rud beag id choinne gan chimilt sa leabhar,
Is is deacair a scrios, rud ná scriostar in am;
  Ach déanfad ort grá Dia, a Phádraig Uí Dhí,
  Ós tú an chéad duine tháinig ó shráid an Chnoic Bhuí.'

[1] *Vénus*

[2] *Mhárs*

[3] *Dén*

[4] *Dé*

55

A THONN ÚD THALL

A thonn úd thall atá anall ag tarraingt,
Crom do cheann i gceann ded chlasaibh;
Cé toghail do ghlam, níl ann ach bagairt,
Ná labhair chomh teann, níl beann ort agam.

Ba í do thriall an triall nár ghairid,
Ó chrích an Iarthair thiar thar caladh,
Mar a mbíonn an ghrian go dian ag taitneamh,
Is mar a luíonn 'na dhiaidh ar fhiántas[1] fearann.

Ba thréan do chuairt, ba ghuaiseach, garg
Do léim, do luas, ag fógairt[2] chatha;
Do chraos mar uaimh ar thuairisc anam,
Is ag taoscadh buartha ar fuaid na mara.

Do ré níor bhuan, gí chuaigh i bhfad leat,
Dá mhéad do bhua tá buaite ort feasta;
Beir féin dod bhualadh gan trua ar charraig,
Is dod réabadh ruathair níor thuar mé a mhalairt.

Níor chóir thú d'éileamh is gaoth dod spreagadh,
Is mó fear léannta ag an saol á dhalladh,
Ag tóch, ag traochadh, is ag réabadh thairis,
Is nach eol a bhaol dó go dtéann ar charraig.

[1] *fiantas*
[2] *fuagairt*

ÁR dTEANGA FÉIN

Is milis í ár dteanga féin,
Ár dteanga féin, ár dteanga féin;
Is milis í ár dteanga féin:
Is í teanga bhinn na nGael í.

Curfá
Ó, labhraimis ár dteanga féin,
Ár dteanga féin, ár dteanga féin;
Ó, labhraimis ár dteanga féin,
Is í teanga bhinn na nGael í.

Níl teanga ar bith chomh blasta léi,
Chomh blasta léi, chomh blasta léi;
Níl teanga ar bith chomh blasta léi,
Is ba náire dúinn í a shéanadh.

Curfá

Is fada aniar a teachtaireacht,
A teachtaireacht, a teachtaireacht;
Is fada aniar a teachtaireacht,
Is más fada aniar is tréan í.

Curfá

Cad é[1] an teachtaireacht a bheireann sí,
A bheireann sí, a bheireann sí?
Cad é[1] an teachtaireacht a bhéarfadh sí,
Ach comhairle gan í a shéanadh.

Curfá

[1] Dé

AN VEIDHLEADÓIR SÍ

Bhí veidhleadór álainn cois leasa fadó,
Cois leasa fadó, cois leasa fadó,
Bhí veidhleadóir álainn cois leasa fadó,
    Is ní raibh sé ach troigh agus òrlach.
Gach oíche bhreá ghealaí bhí an veidhleadóir ann,
Bhí an veidhleadóir ann, bhí an veidhleadóir ann,
Gach oíche bhreá ghealaí bhí an veidhleadóir ann,
    Ag seinm go binn is go treorach.

    Curfá
    Slán is beannacht leis an veidhleadóir sí,
    Slán chun an leasa is chun muintir an tí,
    Slán is beannacht leis an veidhleadóir sí,
    A sheinneadh le solas na ré dúinn.

Bhíodh coiníní Éireann fé dhraíocht aige siúd,
Fé dhraíocht aige siúd, fé dhraíocht aige siúd,
Bhíodh coiníní Éireann fé dhraíocht aige siúd,
    Nuair bhuaileadh sé port ar a veidhlín.
Bhailídís 'na dtréadaibh anoir is aniar,
Anoir is aniar, anoir is aniar,
Bhailídís 'na dtréadaibh anoir is aniar,
    Ag preabadh is ag damhsa go meidhreach.

    Curfá

Ar urlár an leasa bhíodh spórt agus scléip,
Bhíodh spórt agus scléip, bhíodh spórt agus scléip,
Ar urlár an leasa bhíodh spórt agus scléip,
    Agus rince go deireadh na hoíche.
Ach tá an veidhleadóir aerach imithe fadó,
Imithe fadó, imithe fadó,
Tá an veidhleadóir aerach imithe fadó,
    Is ní dócha go gcasfaidh sé choíche.

    Curfá

SEOL ISTEACH AN SAMHRADH

Seol amach an geimhreadh fliuch,
Seol amach gach teimheal den tsioc;
Seol amach an geimhreadh fliuch,
    Is seol isteach an samhradh.

    Curfá
    Seol is seol is seol amach,
    Seol go ceolmhar gleoite isteach;
    Seol is seol is seol amach,
        Is seol isteach an samhradh.

Seol na síonta fiáine amach,
Seol an tslí chughainn grian is teas;
Seol na síonta fiáine amach
    Is seol isteach an samhradh.

    Curfá

Seol gach buairt thar cuan amach,
Seol gach suairceas buan isteach;
Seol gach buairt thar cuan amach,
    Is seol isteach an samhradh.

    Curfá

59

ÉINÍN NA hOÍCHE

Tá éinín milis ó thitim na hoíche
Ar ghéigín suite go triopallach líofa;
Ceol níos binne ní chluinim ar aon chor,
Thógfadh sé tinneas de dhuine bheadh tréith leis.

Curfá
   Fáilte is fiche romhat, a éinín na hoíche,
   Sláinte gan briseadh chughat, a éinín na hoíche;
   I m'aonar gan duine agus tuirse ar an gcroí agam,
   Is déirc liom do chuideachta, a éinín na hoíche.

Bíonn éin ar inneall i bhfochair a chéile,
Tar éis gach filleadh de sholas na gréine;
Is cé gur milis a chanaid in éineacht,
I d'aonar chuirirse scamaill ar éigin.

Curfá

Mo cheol thú, a chara, nár thaga ort choíche
Brón ná mairg ar bharr[1] do chraoibhse;
Dá mbeadh leath do chuid céille ag daoine,
B'álainn a mhairfidís, a éinín na hoíche.

Curfá

[1] *bharra*

CAILÍN BEAG

Cailín beag ar bhruach an leasa,
  Seo-thín, seo-thó,
Cailín beag 'na suan le sealad,
  Seo-thín, seo-thó;
Cailín beag ar bhruach an leasa,
Amasa, sea, gan bhuairt, gan mhairg,
Cailín beag is cuacha deasa,
  Seo-thín, seo-thó.

Leoithne sí ar bhruach an leasa,
  Seo-thín, seo-thó,
Leoithne sí i gcluais mo pheata,
  Seo-thín, seo-thó;
Leoithne sí ar bhruach an leasa,
Is ceolta bhí go suairc dá gcantain,
Sheoil i gcríochaibh suain mo leanbh,
  Seo-thín, seo-thó.

Cailín beag go sámh cois leasa,
  Seo-thín, seo-thó,
Cailín beag ar láimh ag aingeal,
  Seo-thín, seo-thó;
Cailín beag go sámh cois leasa,
Amasa, is ea gan máchail pheaca,
Is dada di go brách nár bhaine,
  Seo-thín, seo-thó.

PEATA BEAG GLEOITE DO MHÁTHAR

A phlúirín mhilis na gcuacha buí,
Tar chugham go gcuirfead an bhuairt ded chroí;
Na deora atá ag titim anuas go fuíoch,
Imeoidh siad le póga do mháthar.

Curfá
Is tusa mo stór, mo stór, mo stór,
Is tusa mo stór is mo ghrá geal;
Is tusa mo stór is mo chailín go deo,
Is tú peata geal gleoite do mháthar.

Ceannóidh mise racaid den tsíoda is fearr[1],
Ceannóidh mise hata agus ribín 'na bharr,
Is bróigín caol canta bheidh buí nó bán,
Is cóireoidh mé mo chailín amárach.

Curfá

Nuair a rachad don aonach ag díol na bó,
Beidh airgead gléigeal is buí im dhóid;
Ceannóidh mé an féirín is daoire gheobhad,
Is tabharfad abhaile go dtí mo[2] stór é.

Curfá

Nuair ghealfaidh an samhradh is an aimsir bhreá,
Cois farraige thabharfaimid roinnt den lá,
Ag faire ar na tonntaibh i mbinn na trá,
Nach meidhreach a bheadsa is mo stóirín.

Curfá

A chailín bhig imeartha an ghleo is an ghrinn,
Má leagair do chinnín go fóill im bhinn,
Beidh tamall againne gan bhrón go deimhin,
Is ní fada go mbeimid ag gáire.

Curfá

[1] *feárr*
[2] *'dtím'*

MÚINFIMID GAEILGE DO GHRÁINNE

Cé hí siúd a chím ag tarraingt chughainn aníos?
　Agus fós, cad is brí lena cuairt chughainn?
Is í Gráinne mhilis Mhaol í, a chaill a teanga féin,
　Is atá chughainn go tréan ar a tuairisc.

Curfá
Labhair léi go séimh deas i dteanga bhinn na hÉireann,
　Is tabharfadsa an chailc is an clár liom;
Ná bíodh eagal ar an mbé, beidh sí eadrainn araon,
　Agus múinfimid Gaeilge do Ghráinne.

Bhí Gráinne bhocht go tinn agus banaltra ina feighil,
　A chuir meabhrán is greim uirthi in éineacht;
Do théigh sí leis an mBéarla, do thréig sí a teanga féin,
　Ach ná bímis á héileamh sa méid sin.

Curfá

Nach lom í a haghaidh is nach fann í a caint,
　Is é an feall mara bhfaighidh sí a sláinte;
Ach cabhraímisne léi agus meallfam an bhé,
　Agus tabharfaimid saor linn ón mbás í.

Curfá

63

A CHUAICHÍN Ó

Fáilte romhat, a chuaichín ó,
A chuaichín ó, a chuaichín ó,
Fáilte romhat, a chuaichín ó,
   A chuaichín mhilis mheidhreach.
Seinn do phort ar bharr na gcrann,
Ar bharr na gcrann, ar bharr na gcrann,
Seinn do phort ar bharr na gcrann,
   A chuaichín mhilis mheidhreach.

Curfá
   Cuach-ó-cuach, a chuaichín ó,
   A chuaichín ó, a chuaichín ó,
   Cuach-ó-cuach, a chuaichín ó,
   A chuaichín mhilis mheidhreach.

Is mó éinín ag soláthar duit,
Ag soláthar duit, ag soláthar duit,
Is mó éinín ag soláthar duit,
   A chuaichín mhilis mheidhreach.
Is fiú thú fáilte is leaba chlúimh,
Is leaba chlúimh, is leaba chlúimh,
Is fiú thú fáilte is leaba chlúimh,
   A chuaichín mhilis mheidhreach.

Curfá

Ná heitil uainn thar sáile arís,
Thar sáile arís, thar sáile arís,
Ná heitil uainn thar sáile arís,
   A chuaichín mhilis mheidhreach.
Ach fan go deo is mo ghrá do chroí,
Mo ghrá do chroí, mo ghrá do chroí,
Ach fan go deo is mo ghrá do chroí,
   A chuaichín mhilis mheidhreach.

Curfá

AN RINCE SÍ

Éirígí go bríomhar go rincfimid,
Tá an oíche go haoibhinn is is binn í an phíb;
Éirígí le chéile go rincfimid,
Mar is rómhilis aerach é an Rince Sí.

> *Curfá*
> Ó rincfimid suas agus rincfimid síos,
> Ag rince is ag luascadh agus meidhir 'nár gcroí,
> Ó rincfimid céimeanna timpeall an tí,
> Sin mar a déantar an Rince Sí.

Go canta is go treorach ó thaobh go taobh,
Ag faire ar an gceol is sinn céim ar chéim,
Ag casadh go haerach mórthimpeall an tí,
Sin mar a déantar an Rince Sí.

> *Curfá*

Nach álainn a scinnimid siar is aniar,
Nach breá deas a rithimid diaidh ar ndiaidh;
Thart timpeall a chéile agus timpeall arís,
Sin mar a déantar an Rince Sí.

> *Curfá*

MO MHÁTHAIR

Is uasal an bhean í mo mháthair,
   Is uasal is cneasta is is caoin;
Tá bua thar a maireann de mhná aici,
   Is gráim í go daingean óm chroí.

Curfá
   Níl milseacht go milseacht a póige,
   Ní binneas go binneas a glóir,
   A sárú ní mhaireann ar m'eolas,
   Mo ghrá í mo mhamaí go deo.

Is í ghléasann go greanta gan ghruaim mé,
   Ó bhaithis go barraí mo bhróg;
Is í shíneann go socair chun suain mé,
   Nuair thagann an tuirse ar mo thóir.

Curfá

Is í bhaineann an bhuairt is an brón díom
   Le cneastacht le caoine is le ceol;
Nuair thagaim thar n-ais um thráthnóna,
   Is í leigheasann mo laige le lón.

Curfá

Níl lia ná luibheolaí chomh léannta,
   Níl banaltra bhainfeadh di barr,
Mo ghiolla, mo dhíon is mo ghéarghrá,
   Is uasal í mamaí thar mhná.

Curfá

GRÁINNE BHEAG MHAOL

Is taibhseach is is néata í mo Ghráinne bheag Mhaol,
Is maighdean dheas mhaorga í mo Ghráinne bheag Mhaol;
Is í an mhaighdean dheas mhaorga í is áille féin ngréin,
Is is cladhaire an té shéanfadh mo Ghráinne Mhaol.

Tá garda gan teorainn ar Ghráinne bheag Mhaol,
Tá fáinne den mhórmhuir ar Ghráinne bheag Mhaol;
Tá fáinne den mhórmhuir ar ghrá geal mo chléibh,
Is is sárdheas an tseod ann mo Ghráinne bheag Mhaol.

Is mó fear a síneadh dom Ghráinne bheag Mhaol,
Thug mórfhuil a chroí istigh do Ghráinne bheag Mhaol;
Thug mórfhuil a chroí istigh gan cás air 'na thaobh,
Is níor rómhór an ní sin do Ghráinne bheag Mhaol.

Níor tháinig riamh éad ar mo Ghráinne bheag Mhaol,
Níl bánta nach léi im Ghráinne bheag Mhaol,
Ach a bánchnoic le chéile gan spleáchas don tsaol;
Ní bheidh sásamh ina n-éagmais ar Ghráinne bheag Mhaol.

Do threabhfainn an bhóchna do Ghráinne bheag Mhaol,
Is thabharfainn mo chumhachta do Ghráinne bheag Mhaol;
Ó, bhronnfainn an tseod atá in áras mo chléibh,
Is mo thabhartas níor mhór liom do Ghráinne bheag Mhaol.

AMHRÁN AN GHRÁINNE

Táthar ag treabhadh, ag treabhadh, ag treabhadh,
Táthar ag treabhadh don ngráinne;
Táthar ag treabhadh, ag treabhadh, ag treabhadh,
Is cuirfear an síol amárach.
Táthar ag iompó an fhóid le fonn,
Ag iompó an fhóid in airde;
Táthar ag iompó an fhóid le fonn,
Is cuirfear an síol amárach.

Táthar ag cur is ag fuirseadh inniu,
Táthar ag fuirseadh an ghráinne,
Táthar ag cur is ag fuirseadh inniu;
Is fásfaidh an síol amárach.
Táthar ag cur go cíortha, domhain,
Go cíortha, domhain faoin mbráca;
Táthar ag cur go cíortha, domhain,
Is fásfaidh an síol amárach.

Táthar ag baint an arbhair bhuí,
Táthar ag baint an ghráinne;
Táthar ag baint an arbhair bhuí,
Is buailfear an ceann de amárach.
Táthar ag baint is ag ceangal tuí,
Táthar ag déanamh stáca;
Táthar ag baint is ag ceangal tuí,
Is buailfear an ceann di amárach.

Táthar ag bualadh, ag bualadh inniu,
Táthar ag bualadh an ghráinne;
Táthar ag bualadh, ag bualadh inniu,
Is beidh sé ina phlúr amárach.
Táthar ag bualadh an ghráinne bhuí,
Táthar agus ag cáitheadh;
Táthar ag bualadh an ghráinne bhuí,
Is beidh sé ina phlúr amárach.

Táthar ag fuineadh, ag fuineadh inniu,
Táthar ag fuineadh an ghráinne;
Táthar ag fuineadh, ag fuineadh inniu,
Is íosfaidh an saol é amárach.
Táthar ag fuineadh plúir ar bord,
Táthar ag déanamh aráin de;

Táthar ag fuineadh plúir ar bord,
Is íosfaidh an saol é amárach.

CAOINEADH AR DHÁITH Ó CUILLEANÁIN

Tá brat dubh ar Phoebus[1] is réalta fé cheo,
Tá scamaill ar shléibhte is géaga gan cheol;
Ní castar liom éinne nach déarach le brón,
Ó leagadh an séimhfhear ba néata gan treoir.

Ar m'fhilleadh Dé Luain dom ba bhuartha mo sceol,
Mar thuigeas an uaill úd ab uaigneach glór;
Is thuigeas ón bhfuaim úd a ghluais ina deoidh,
Gur le titim an uasail a chualas an lóg.

Is dealbh is is dubhach atá an dúiche ina dheoidh,
Tá dearca gan dúnadh le drúcht an dobróin;
Tá bailte fé smúit, is ní hionadh sin dóibh,
Ó taisceadh go dlúth é fé chlúdach an fhóid.

Is fairsing a ghaolta is ba thréan in allód,
Lucht fearann fial féarmhar, lucht féile gan feo;
Lucht ceannais i ngéarchath, lucht séad agus sló,
Ar an gCarraig seal séanmhar i réim is i gcoróin.

Sliocht Chaisil na Ríthe, sliocht taoiseach is treon,
Sliocht sleachta na Muimhneach a shíolraigh ó Eoghan,
Sliocht sleachta thar taoide ba dhílis i ngleo,
Siúd feasta daoibh ríofa lucht caointe mo leoin.

Más cathach a chairde, tá fáth leis gan ghó,
Ní hacmhainn ar lár é is ár ngá leis go fóill;
Is danaid dúinn Dáibhí faoi bhánlic an bhróin,
Mar a shamhailt de shárfhear is fánach, im dhóigh.

Níor thaithigh sé géarghoin ar thaobh cnoic, is geoin —
Gí cara is ea an faobhar nuair is éigean an gnó —
Níor mealladh leis tréadaí le bréagaibh na mbeol,
Ach, i ngan fhios dó, shaothraigh sé tréithe ba mhó.

Croí carthanach gléigeal ná déanadh éagóir,
Is an teanga fhíor-Ghaelach gan chlaon gan iompó,
Nár chealg riamh aon neach le géireacht a ghlóir,
Is é mo chreach é bheith traochta, fé chré uainn go deo.

Ó chaithfimid géilleadh don éag is don mbrón,
Is freagairt don nglaoch nuair shéidfear an dord[2];

70

Cuirim beannacht is céad leis an séimfhear sa ród,
Go gcastar le chéile, lá an éilimh, an tsló.

[1] *Phoébus*
[2] *dórd*

CAOINEADH AR DHÓNALL Ó FEARACHAIR

Mo léan, mo lagar, mo dheacair go dóite!
An tréan seo treascartha, taiscithe i gcomhrainn;
Na Déise theas is dá n-abrainn Fódhla,
Go créachtach ceasnach ó chailleamar Dónall.
Tá an ré is na reanna faoi bhrataibh go brónach;
Ón ngréin ní thagann an taitneamh is nós di;
Tá an spéir i bhfolach agus fallaing go feor léi,
Is is taomach, tafannach talamh is treonmhuir.
Tá an Léith-Chraig lag i ngach lacht ach na deora,
Is braonach dearca le sleasaibh na Bóinne;
Dún aolmhar Anna go lag is go leonta,
Is tréadaí Tailteann go bascaithe breoite.
Tá an Ghaelfhuil gafa gan mhagadh, gan mhórtas,
Éigse is eagna ar mearbhall[1] eolais;
Lucht léime is reatha go dealbh i ndóchas,
Is, mo léan, cé mhairfidh le teacht a hathbheoite?
Is é éag an fharaire d'aibigh an fómhar seo,
Thug céir ar lasadh agus ceathanna deor linn;
D'fhág Éire ag caismirt le hatuirse an sceoil seo,
Gan réim, gan rachmas ó chailleamar Dónall.

Is buartha a chine agus mise mar aon leo,
Ó chuaigh go cinnte ina chime fé chré uainn;
An t-uasal oirirc i bhfoirm is i ndéanamh,
Dár dhual dea-imirt i gcluiche gan chlaonadh.
Monuar, gan mise bheith cliste ar an gceird sin,
Ar bhua na fine go fileata a réiteach;
Do luafainn filleadh mo bhile le héirim,
Is ba chrua nó chuirfinn a chirteacht i gcéill daoibh.
Ó bhruach na toinne cois Rinne na nÉigeas,
Ó thuaidh gan filleadh go himeallaibh Éile,
Níl slua ná fuil inti foireann dá ghaolta,
Ná uachtarshloinne nár dhuine leo féin é.
Marcshlua Philib nár briseadh i ngéarchath,
Sliabh gCua filiúil, fuinniúil, faobhrach,
Bhí uaisleacht, oilteacht, is gile na nGréagach,
Go fuaite fite gan loime sa laoch seo.
Níor dua dom tuilleadh dhá chuideachta d'éileamh,
Ach bua gach duine dá gcuirinn le chéile,
Is é an suaircfhear soilbh seo d'imigh 'na ndéidh uainn,
Rug duais na droinge is na cine go léir leis.

Fear ráis is reatha, fear caite na léime,
Nár sháraigh neach des na fearaibh ba thréine;
Rug barr go geal i ngach gaisce ba ghéire,
Máistir an mhachaire i gcaitheamh a ré dó.
Is mó sárfhear calma, caithiseach, céimeach,
Lán go baithis de mheas ar a thréithibh
An bás a sheas go scafánta[2], scaothach,
Chun sásamh daingean a bhaint as ár dtréanfhear.
Cé b'ard i ngradam do ghairm gach n-aon díobh
Is gardaí carad á dteannadh le laochas,
A gcáil níor sheas ach sealad gan éifeacht,
Do bhláth na bhfearchon chaitheadar géilleadh.
An lá úd a bhailigh scoth gaile agus éachta,
Comhdháil chruaghleacach cois Caladh na Méith-Bhreac;
Bhí gártha tharraing macalla ós na spéarthaibh,
Ar ghabháil an chreasa don Fhearcharach gléigeal.
Camán a chasfadh chomh cleasach le haon fhear,
Ar lár na faiche níorbh annamh i ngléas é
Ag tál an chatha is ag teagasc a thréada ann;
Mo chrá agus m'atuirse an glas ag an éag air!
Óglach farairiúil, fearúil, fíorcheart,
Nár leonadh neach leis ag tagairt dá ghníomharthaibh,
Ba leor leis a acmhainn gan bacaint le maíomh as,
Leon ar neart agus leanbh le laíocht[3].

Seolaí seasamhach, daingean, dea-dhílis,
A threoraigh na catha is a neartaigh a ndíograis
Le comhairle a leasa, le teagasc ba chuí dóibh,
Le cúnamh flaithe is le caradas croí ghil.
Lóchrann lasmhar do theangain na tíre,
Eolach, eagnach, acmhainneach, líofa;
Seod an tseanchais, seabhac na saoithe,
Mo ghleo is mo dheacair a leaba sa mBuí-Chnoc!
Feonn an meas ar na crannaibh is airde[4],
Feonn gach barra dá bhlastacht a bhíonn sé;
Gí feochta fé leacaibh don charaid seo chaonim,
Ní fheochfaidh a ainm i gcaitheamh na gcríoch seo.
Sceol a cheana ar son sean agus saoirse,
Thug tóir an tSasanaigh dhanartha bhuí air
A bhreoigh, a mharaigh is a chealg an croí aige,
A thug Dónall Ó Fearachair abhaile don mBuí-Chnoc.
Tá a dheoraíocht caite is a thaisteal i gcrích aige,
Is seolam beannacht lena anam is guí leis;

Go raibh lóistín fada aige i gcathair an Rí ghil,
Is ceol na n-aingeal á chanadh dó choíche.

1 mearathal (lss)
2 scafanta
3 laíocht; laíghtheacht (lss)
4 aoirde

AISLING AN OIDE

Ar leaba aréir i m'aonar sínte,
Caite go tréithlag, traochta, cloíte
Ó thaisteal na ré, an tsléibhe is an riascaigh
Ag cur teangan na nGael i mbéalaibh iata,
Sraite go dubhach gan lúth im ghéagaibh
Bhraitheas mo shúile ag dúnadh in éineacht.
Scaras le gruaim is buairt is buíntibh,
Is ghlacas an suan a ghluais an tslí chugham.
Greadadh na ród i ló is istoíche,
Teagasc mo shló gan mórchuid buíochais,
Meascadh mo smaointe is díth mo mheidhre,
Threascair mo chroí gur luíos ar thaibhreamh.
Shíleas go rabhas is leabhra lámh liom,
Im shuí go toghail á dtreabhadh go láidir,
Ag cur na gceacht 'na gceart le chéile
Do shliocht na bhfear nár ghean leo an Ghaeilge.
Bhí tine bheag mhaol ag téamh an ghráta,
Is b'fhuiris a léamh gur bhaol an bás di;
Caitín go ciúin sa chúinne sínte,
Ag foiliú na súl is gan siúl na slí ann.

D'airigh mé an doras á oscailt go dána,
Gheal agus dhoirchigh solas na háite;
Ghlaos go dúr, cé dhubhaigh mo thairseach?
Ar dhéirceach siúd? Nó arbh fhiú é fáilte?
Fuaireas freagra fearúil, feidhmeach,
Buacach, tapa, ó fharaire taibhseach;
Scafaire bríomhar, líofa, láidir,
Is ó bhaithis air síos gan ní le cáineadh.
Is cóir a rá a cheird gur léir dom,
Bhí comharthaí stáit á choimeád le chéile:
Cláirseach umha ar lúib 'na bhéabhar,
Is mála rún mar chúram gléasta air.
Shín sé litir go toilteanach, lách chugham
A bhí ina sheilbh ó oifig an ardphoist.
Ghlacas go héasca, séimh im láimh í,
Is dhathaigh mé tréithe an té thug slán í.
D'imigh is d'fhág sé slán go ceansa,
Chuireas an t-ádh go hard 'na theannta;
Ghearras ansiúd an clúdach gléigeal,
Is tharraing mé chugham ar chúinne an méid seo:

'A chara go fíor, is a shíol na sárfhear,
Beatha fé mhaoin is síth fé shláinte.
An fear a mbíonn bua aige buann sé an báire,
Tagann an uain más buan a chairde.
Tá comhairle cheannasach, labharthach, léannta
Ar thóir na teangan, á tarraingt le chéile;
Is cé go gceapaid gur gairid go snámhfaidh,
Is baol, gan taca, gur bascadh atá i ndán di.
Tuigid go mb'fhearrde páirc an bhuailte
Cigire cáinteach, lán de luadar,
Duine bheadh bíogach, bríomhar, bearrtha,
Chuirfeadh an dlí ina suí go sásta;
Fear a bheadh géar ar Ghael ag múineadh
Ag faire in aghaidh an lae is ag éileamh cuntais,
A chuirfeadh in iúl dóibh siúd a luaitear
An t-oide nach umhal, a chlú go bhfuarfaidh.
Ceapaid an ceann is cabhail na comhairle —
Tá cara duit ann 'na dteannta is dóigh liom —
Go bhfuil agat féin, thar Ghaelaibh Fódhla,
Tuise agus tréithe ceirde den tsórt san.
Tá togha na haithne i bhfearanntaibh Fáil ort,
Gan dabht is fada dod ainm in airde.
Lá na sló, an spóirt is an gháire,
B'ard do ghlór; ba mhór le rá thú.
Gach poll is prachán, gach ard is íseal
I gcabhail an bhotháin, is san áit ná bíodh sé,
Thugais do chuairt ó uair go chéile,
Is rugais leat cnuasach uasal léannta.
Obair na sua ná fuair le ciantaibh
Moladh ná duais ach an bua thug Dia dóibh,
Thiteadar chughat id shiúl go sásta,
Is chuiris fé chlúdach chughainn gan cháim iad.
Tá saoithe seachanta caite ar an bhfáithim,
Gaois is gastacht is fearr[1] fé láthair;
Buadh an cluiche go minic gan eolas,
Le fuaim is fuinneamh is clisteacht den tsórt san.
Tuigeann an gasra i gceannas do bhuasa,
Cuirfid go daingean i dtaca go luath thú;
Tá do chúrsa socair, más toil leat a thógaint,
Dún do dhoras is bog ar do bhóthar.
Cois Life na long gheobhair cabhair is cúnamh[2],
Cuirfear id cheann ann togha na comhairle;
Ach tá an roth ag casadh agus cá bhfios cá ngeobhadh sé?
Brostaigh gan bearradh — do chara, Mac Comhgair.'

Is minic a bhíos is buíonta im thimpeall,
Ag cur dem chroí go taoideach, taibhseach;
Cogar is trácht ar mheachant m'eolais,
Is ná croithfinnse lámh le fáidh i bhFódhla.
Ach cad a bhí ansiúd ach cúr gan chuibhreach,
Caitheamh na súl le clú is ag críonadh;
Sháraigh a raibh ins an litir seo léite
A dtáinig im sheilbh de shaibhreas saolta.
Phreab mo chroí le brí na cainte,
Is phreab sé arís ar shlí na sainte;
Bhraitheas an uain an uair úd lámh liom,
Gheal ar mo ghruaim is ghluais mo gháire.
Shoilsigh an spré ina caor sa ghráta,
D'éirigh an néal den ngréin in airde;
An caitín gan lúth, gan chlú, gan chairde,
Chimil sé a chúl den tlú le háthas.
Chaitheas le fonn mo rogha den éadach
Isteach ins an trunc is togha na dtéad air;
Rugas le ráig ar lár a bhuaice,
Thugas mo sháil don áit, is ghluaiseas.

Phreabas i dtraen ar thaobh na páile,
Ba ghairid gur ghéar a faobhar ag fágaint;
Tharraing sí siar is níor chian go dtí san
I gcathair na gCliath, na dtriath, is na dtaoiseach.
Chuas ar sodar ag lorg na háite,
Bhuaileas dorn ar dhoras an árais;
Is dócha gur Cheilt an té cheistigh go cruinn mé,
Is threoraigh ar dheiseacht go hoifig an chinn mé.
Fuaireas fáilteach, grámhar, gléigeal,
Fuasclach, fábhrach, lán de léann é;
Chroch sé a pheann os ceann a chluaise,
Thochais a cheann is labhair go stuama:

'Tá teanga na nGael i ngéibhinn chráite,
Is feasach don tsaol gur faon a sláinte;
Tá cead ag[3] cách ó chlár an Rialtais,
Í scaipeadh i ngach aird i bhFáil go fialmhar.
Tá meabhair is meanma is an-chuid gaoise
Sa dream a thagann thar thairsing an tí seo;
Againne tá an mámh is an drámh le chéile,
Briseadh dár gcáil ba bhás don Ghaeilge.
Tá cogarnach cág is trácht sa tír seo
Ar obair ár lámh, is ag cáineadh ár ndíchill;

Gach srimile díobh ag síneadh méire
Ag laigeacht na mbuíon is laghad a déantar.
Caithfear an cogar seo bhogadh is bhréagadh,
Snas agus sonas a chur ar an gceird seo;
Gach tacaire taistil ag teagasc na tíre,
Caithfear a chartadh mara dtagtar go dtí é.
Mealltar an bhé atá maorga, míonla,
Is tabharfaidh sí tréanfhear léi le líofacht;
I gcúrsaí an oide nach oilte ar an gceird seo,
Dúntar a bhille agus cuirtear le déirc é.
Fágfar fútsa an chúis do réiteach,
Fágaimse fút a ndúras féin leat;
Brostaigh go géar do réir mo ráite,
Cosain an scéim is go n-éirí ádh leat.'

Mholas go hard a cháil is a thréithe,
Chroitheas a lámh le báidh is le buíochas[4];
Thugas mo shlán don áras aerach,
Is ritheas ar stáir ag soláthar saothair.
Chuireas-sa crainn is coillte siar díom,
Lingeas ó Laighin go binn an Iarthair;
Fuaireas boladh[5] borb na buíne,
Is ba luath ar a lorg i ndoras an tí mé.
Bhí an gasra giodamach, liosta, leamhgháireach,
Is scafaire an stothaill ag cur ar an gclár dóibh;
'Niseas[6] go searbh don scafaire luaite
Gur chigire ón gcathair ag teacht ar a chuairt mé.
Cheistigh mé an t-ollamh go foclach, fíormhaith,
An raibh sé ina chodladh nó ag obair gach oíche;
Ar mhúin amhráin, comhráite, is caointe;
Ar mhúin mórán de dhrámaí draíochta;
Ar sheinneadar ceolta seolta ár sinsear;
Ar dheineadar nós de mhórchuid rince,
An gcaithidís ciall gan chiach, gan chaochadh
Le heachtraí fiáine[7] fiaigh na Féinne?

Dúirt an t-oide go soineanta séimh liom:
'Múinim cuid dena bhfuil in do bhéarsa,
Ach is righin mo ghasra, is gairid í m'aimsir,
Is bímid tamall ag cleachtadh na cainte.'

Ba bhorb is b'fheargach balbh a labhras:
'Ní mholaim do theagasc, is é is measa gan amhras,
Taithigh an clár do thál na héigse,

Nó leagfar ar lár is fágfar faon thú.
Tabhair na seoda dóibh go slaodach,
Labhraídís leo iad — óg is aosta —
Tuigfear gach ceann ó am go chéile.
Tuigfidh a gclann nó an chlann 'na ndéidh iad.
Ní fheicfirse cuideachta cruinnithe id thimpeall
Le toil agus tuiscint ag coinne le caint uait;
Meall chun an tsrutha iad is tiocfaidh an taoide,
Meall ar aon chuma iad, nó tusa bheidh thíos de.'

D'fhéach sé orm is d'oscail a shúile —
Féachaint dorcha doichill is dúire —
Sheas an stothall ar mhullach na meabhrach,
D'aibigh an ghontacht sa ngiolla agus labhair sé:
'Is tréan í t'ainm is is fada uirthi fíormheas,
Ach is léir, má leanair ded theagasc gach oíche,
Go bhfásfaidh taitneamh do theangain na tíre;
Beidh cách á canadh, ach is fada go dtí sin.
Ní thagann bláth go bhfásann luibheanna,
Ní ceaptar caisleán ar thrá cois taoide;
Deighilfear cairdeas, cráfar céadta,
Ach ní leigheasfaidh drámaí is geáitsí Gaeilge.
An gceapair gur leanbh gan eascairt i gcéill mé?
Chaitheas-sa tamall ag cleachtadh mo cheirde,
Uireasa na cainte an greim is géire,
Is chuirfinnse i bhfeidhm chomh cruinn leat féin í.
Buaitear teanga má thagtar á hiarraidh,
An tslua ná tagann, níl dada go Dia acu;
Amasa ní mheallfar ann go brách iad;
Sin cleas gan chabhair ná tabharfainn biorán air.
Cár ghabhadar taoisigh ghroí na nGael uainn.
Tá an t-am sa tír is í le saoradh;
Fonn is fuadar uasal álainn
Thabharfaidh bua gan ghruaim do Ghráinne.
Tuigtear ar dtúis gur fiú sinn cúnamh[2];
Cuirtear chughainn ar chúl an óige,
Is beidh teanga na bhfáidh ag fás gan feochadh,
Go fairsing i bhFáil is fáilte romhatsa.'

Scríobhas a shloinne agus tuille dá thuairisc,
Bhíos-sa cinnte go gcuirfinn an ruaig air;
Céasta, cortha do bhogas chun siúil uaidh,
Is ag déanamh ar an ndoras dom — d'oscail mo shúile.

79

[1] *fearra*
[2] *cónamh*
[3] *age (lss)*
[4] *baechas*
[5] *bolaithe*
[6] *i.e. d'insíos (d'iniseas)*
[7] *fiaine*

NÓTAÍ TÉACSA

Eolas ar chúlra agus ar dháta cumtha na ndánta, maidir le malairt leaganacha bunaithe ar lámhscríbhinn Uí Mhiléadha is mó atá sna nótaí seo. Tugtar corrmhíniú freisin ar línte as dánta atá doiléir. Tagrann na huimhreacha do na ranna, agus na litreacha do na línte; ach i gcás na ndánta fada is don líne amháin atá an tagairt uimhriúil.

1. PAMPA BHARRA AN CHNOIC BHUÍ

Cumadh an t-amhrán seo in Eanáir na bliana 1903. Níl rann a 7 le fáil in *Duanta Andeas* (1934).

2. TAIBHREADH ARÉIR DOM

'Caoineadh an Ógfhir ar a Ghrá' an teideal atá ag an údar ar an amhrán seo sa lámhscríbhinn. Cumadh é sa bhliain 1903. Tá roinnt malairt leaganacha sa lámhscríbhinn, mar shampla, an rann deiridh:

A chuisle mo chléibh nár mhinic le háthas
A shuigh mé síos taobh leat ag insint fíorghrá duit;
Ach anois ó táir tláthlag, is go brách liomsa scartha,
Ag Aon-Mhac na ngrást go raibh trócaire ar d'anam.

An té chuirfeadh an rann seo i gcomórtas leis an rann deiridh mar atá sé sa leagan deifinídeach ag Ó Miléadha, d'fheicfeadh sé, dar liom, an feabhas a chuir an file go minic ar a shaothar trí choigeartú agus trí athrú.

3. NA TINCÉIRÍ

Cumadh an t-amhrán seo sa bhliain 1911.

4. A THÍR GHEAL MO CHROÍ

Scríobhadh an t-amhrán seo i Meán Fómhair na bliana 1911, le linn don fhile bheith ag obair sa Bhreatain Bheag. Níl rann a 3 le fáil in *Duanta Andeas* (1934). Is léir freisin ón lámhscríbhinn gur cumadh línte e − h i rann a 4 níos deireanaí ná an chuid eile den dán. Seo mar atá bunleagan na línte sin:

Do namhaid gránna, mallaithe a thraochadh,
An tréatúir a fhágaint gan bhrí;

81

Is go dtuga Dé breis bua agus faobhar mín
Dod laochraibh, a thír gheal mo chroí.

Is léir go réitíonn na línte seo le rann a 3 ó thaobh ábhair, agus rud eile de, is cruinne an mheadaracht iontu ná sa leagan de na línte céanna in *Duanta Andeas* (1934).

6. SLIABH GEAL gCUA NA FÉILE

Sa Bhreatain Bheag a cumadh an t-amhrán seo sa bhliain 1912.

2a   Is sampla é seo d'fhoirm an Tuisil Thabharthaigh Iolra in ionad an Tuisil Ghinidigh Iolra, agus seo í an fhoirm atá i lámhscríbhinn Uí Mhiléadha. 'Dá mbeinnse i measc mo ghaolta' atá in *Duanta Andeas* (1934).

7. GABHAIRÍN BHAINNE AN TAE

Seo é an nóta a chuir Pádraig Ó Miléadha féin leis an amhrán seo in *Duanta Andeas* (1934): 'Tá fhios ag an saol tuaithe an dúil a bhíonn ag gabhar i ngabáiste, agus ar a chrostacht agus a dheacracht é choimeád as an ngairdín. Amhráinín grinn ina thaobh é seo (Dáta 1912) '. Fágadh ranna a 3 agus a 5 ar lár sa chéad eagrán.

5c   i.e. níor mhill an sáile an lasta mine buí agus an long ar farraige.

8. AN SEAN-AONARÁN

'An Seanduine ag Lorg Mná' is teideal don amhrán seo sa lámhscríbhinn. Cumadh é sa bhliain 1912. Níl rann a 3 le fáil in *Duanta Andeas* (1934), agus rinne mé athruithe eile ar théacs an chéad eagráin bunaithe ar an lámhscríbhinn. Seo mar a chríochnaíonn rann a 4 sa lámhscríbhinn:

Mhaise, b'fhearr liom seanduine meidhreach
    A mbeadh pinsean 'na ladhar go teann,
Ná tusa is do bhladar, a chadhanthoirt,
    Led shiopa is gan aon rud ann.

Seo mar a thosaíonn rann a 5 sa lámhscríbhinn:

Ní bhfaighinn teacht ar chailín beag sásta
    Ná ar scoinnealach ard gan chlíth;
Ní bhfaighinn teacht ar amalóir gránna,
    Ná ar bhaintreach bhán ná buí.

9. CEÁRTA MHICIL DE hÓRDHA

Seo é an t-amhrán is mó dá chuid féin a thaitin le Pádraig Ó Miléadha, dar lena mhac Muiris. Bhí sé de nós aige an t-amhrán seo a rá uair ar bith a n-iarrtaí amhrán air. Bhí a leithéid de cheárta ann sa Chnoc Buí i Sliabh gCua agus bhíodh sé de nós ag muintir na háite, agus go háirithe ag na fir óga, bailiú isteach ann d'fhonn seanchais. Carachtair áitiúla ar fad atá san amhrán, mar shampla, Liam an Ghliogair, fear a bhíodh ag bailiú uibheacha, agus Donncha an Chóta, an táilliúir áitiúil, agus ar ndóigh, Micil de hÓrdha féin, gabha a raibh cáil air ina cheantar dúchais as feabhas a shaothair. Cumadh an t-amhrán sa bhliain 1913.

10. AN PEIDLÉIRÍN SÉIMH

'An Peidléir Giobalach' an teideal atá ar an amhrán seo sa lámhscríbhinn. Fágadh ranna a 7 agus a 8 ar lár in *Duanta Andeas* (1934). Cumadh an t-amhrán sa bhliain 1913.
7c   *nár chlois sé:* nár chuala sé (foirm chanúnach).

11. MO THIGH BEAG AERACH

Cumadh an t-amhrán seo ar an 29 Márta 1923.

12. AN MÁLA

Cumadh an t-amhrán seo i mí Aibreáin na bliana 1923.

13. AN MÁISTIR ÓG

Cumadh an t-amhrán seo i mí Samhna na bliana 1927 le linn don fhile bheith i gCill Chainnigh. Is dócha gur duine de mhuintir Mhaolchatha atá i gceist.

14. AN BAILE SEO AGAINNE

Cumadh an t-amhrán seo i mí Eanáir na bliana 1928 le linn don fhile bheith i gCill Chainnigh. Aithris atá sa meadaracht ar luimneach an Bhéarla.

15. NÓIRÍN BHÁN MO CHLÉIBH

Cumadh an t-amhrán seo in earrach na bliana 1930.
3e   'Ar thóir na háille i gcéin' atá in *Duanta Andeas* (1934).

16. RINN NA nGAEL

Cumadh an t-amhrán seo i Lúnasa na bliana 1930. Seo leanas an nóta a chuir Pádraig Ó Miléadha leis sa bhliain 1934: 'Níl aon áit ar fud Fódhla ná fuil trácht ar an Rinn, agus ar an gColáiste Gaeilge atá ann. Ar theacht an tsamhraidh bíonn daoine ó gach aird ag feitheamh leis an lá chun dul ar chúrsa ann agus sealad do chaitheamh cois trá i measc Gaeilgeoirí lácha na Rinne. Ag tagairt dó san atá an t-amhrán seo'.

22. A THÍR MO DHÚCHAIS

Cumadh an píosa aithriseoireachta seo sa bhliain 1911. Fágadh ranna a 6 agus a 7 ar lár in *Duanta Andeas* (1934).
8b   i.e. Níl mórán den oíche fágtha.

30. ÉINÍN NA hOÍCHE

Tá an nóta seo leanas ag gabháil leis an amhrán seo in *Duanta Andeas* (1934): 'Cumadh an t-amhráinín seo tar éis a bheith ag éisteacht le héan oíche (filiméala) ag cantain ar imeall coille san mBreatain Bhig'.

36. MO MHÁTHAIR

Cumadh an t-amhrán seo faoi Nollaig na bliana 1924. Seo mar atá rann a 4 sa lámhscríbhinn:

Is í an dochtúir is fearr sa tír í,
  Is níl banaltra bhainfeadh di barr;
Mo chumann, mo chara, is mo dhíon í,
  Nár chaillead mo mhamaí go brách.

37. GRÁINNE BHEAG MHAOL

Cumadh an t-amhrán seo sa bhliain 1922.

38. AMHRÁN AN GHRÁINNE

Cumadh an t-amhrán seo i mBealtaine na bliana 1923. Fágadh rann a 2 ar lár in *Duanta Andeas* (1934).

84

39. CAOINEADH AR DHÁITH Ó CUILLEANÁIN

Níor éirigh liom teacht ar lámhscríbhinn an dáin seo. Cumadh é sa bhliain 1929 ar bhás Dháith Uí Chuilleanáin as Barra na hUídhre. B'é Dáith athair céile Phádraig Uí Mhileádha, agus bhí an bheirt fhear an-mhór le chéile. Fuair Dáith bás sa bhliain 1929.

4d Tagairt í seo do Chormac Ó Cuilleanáin, Ardeaspag Chaisil agus Rí Chúige Mumhan ag tús an deichiú haois.

5c *Sliocht sleachta thar taoide*, i.e. Cundúnaigh na nDéise, muintir mháthair Dháith Uí Chuilleanáin.

40. CAOINEADH AR DHÓNALL Ó FEARACHAIR

Rugadh Dónall Ó Fearachair ar an 18ú Samhain 1852 sna Sceichíní i bParóiste Shliabh gCua. Muiris Ó Fearachair a bhí ar a athair agus b'as an gCnoc Buí é. Cit Ní Icí a bhí ar a mháthair agus ba de mhuintir Icí i Sliabh gCua í. Cuireadh ar aimsir é chuig siopa éadaí i nDún Garbhán sa bhliain 1868, agus d'éirigh leis in imeacht na mblianta siopa a cheannach dó féin. Bhí sé an-mhaith ag gach uile chineál spóirt — caitheamh bollaí, lúthchleasa, caitheamh léime, coisíocht — agus bhíodh curaí na tíre ag tabhairt a dhúshláin i gcónaí. Is annamh a bhuailtí é. Ba sna cluichí Gaelacha is mó a chuir sé spéis, áfach, agus bhí sé i gCumann Lúthchleas Gael ón tús. Cheannaigh sé faiche imeartha do mhuintir bhaile Dhún Garbhán, agus bhí sé ina bhall den choiste a rinne caighdeánú ar na rialacha imeartha. Bhí sé ina chainteoir dúchais Gaeilge, agus chuidigh sé le Conradh na Gaeilge craobh a bhunú i nDún Garbhán. Poblachtánach láidir a bhí ann freisin, agus chaith sé tamall sa champa géibhinn i gContae an Dúin i dtús na bhfichidí den chéad seo. Cara mór le Pádraig Ó Miléadha ab ea Dónall, agus scríobh Pádraig roinnt dánta dó. Tá siad le fáil ina chuid lámhscríbhíní, ach níor éirigh liom teacht ar lámhscríbhinn an chaointe. Fuair sé bás sa bhliain 1929.

11 *Dún Aolmhar Anna* i.e. Dún Aill, an áit a mbíodh Anna Chaomh, bean sí na nGearaltach.

33 *Marcshlua Philib* i.e. Pilib Mac Craith, an fear a thóg Sean-Chúirt na nDéise, fear nár buaileadh riamh i gcomhrac aonair, de réir an tseanchais. Ba leis Sliabh gCua (cf. Ó Miléadha, *Seanchas Sliabh gCua*, 3 − 6).

35 *Gile na nGréagach* i.e. na Gearaltaigh a raibh gaol ag Dónall leo.

53ff Tagairt don lá ar ghnóthaigh Dónall craobh agus crios na hÉireann i nDún Garbhán.

54 *Caladh na méithbhreac* i.e. Dún Garbhán.

77ff 'Gur mar gheall ar a raibh déanta aige ar son na hÉireann a gabhadh é aimsir an chogaidh; gurbh í an aimsir a chaith sé sa phríosún a bhris a chroí, agus ba thrúig báis dó.' (*Duanta Andeas*, 1934.)

FOCLÓIRÍN

ACRACH: úsáideach, caothúil.
ÁILLEÁN: rud gan mhaith.
ALLÓD: *in allód* = fadó.
AMALACH: amaideach.
AMARACH: iomaireach; áit a bhfuil iomaire ann.
AMASA: muise.
ANGLAIS: drochleamhnacht.
ARDACH: ardú.
ATUIRSE: brón, crá croí.

BÉABHAR: hata.
BEINÍN: beag bheag.
BILE: laoch; crann naofa.
BÍOGAIM: geitim.
BÓCHNA: farraige.
BÓICEÁIL: déanamh gaisce
BOIMBÉAL: 'part of roofing from cross-beams to ridge' (Ó Duinnín).
BRAIGHE: cime, príosúnach.
BREALL: amadán.
BRUS: smúit, deannach, smidiríní; *tá mo chroí ina bhrus* = tá mo chroí
briste.

CÁIM: máchail, smál.
CAINCÍN: srón.
CAITHIS: cion, cairdeas.
CAITHISEACH: deas, dathúil; deirtear faoi bheithíoch a bhfuil rian a choda
air.
CANCRACH: cantalach, feargach.
CANTLA: cantal.
CAOIFEACH: cairdiúil.
CEALGACH: géar, gangaideach.
CEALGAIM: gortaím, goinim.
CEANNRACH: srian, gléas ceangailte do chloigeann beithígh.
CEASNACH: clamhsánach, gearánach; trína chéile.
CÉIBHFHIONN: bean álainn le gruaig fhionn.
CIACH: brón.
CIARBHRÚID: ainmhí dubh brúidiúil.
CIMILTE: glanta.
CLAS: clais.
CLIAR: complacht, buíon.
CLOGAIM: éiríonn spuaiceanna, cloig, orm.
COITE: bád beag.

COMHRA (*tuis. tabh.* comhrainn): cónra.
CORTHA: tuirseach.
CREAT: colainn, corp.
CREIMIRE: alpaire.
CRÚ: cine, clann, fuil.
CUACH: ribe gruaige.
CUAN: cáim, máchail, smál.
CÚB: bothán.
CUIDEARTHA: cairdiúil.
CÚILÍN: garraí beag.
CUINGIR: gléas ceangailte.

DANARTHA: fíochmhar, cruálach.
DAOIRSEACH: brónach.
DEALRACH: dathúil.
DÍBEARTHACH: duine díbeartha.
DÍSC: *cuirim i ndísc* = millim, scriosaim.
DÍTHEACH: brónach.
DRÍODAR: brutainn, daoscarshlua, grafaisc.
DRIÚDA: dúidín, píopa.
DRONG: buíon, dream.
DUBHACH: brónach.

EASCAIRT: fás.
ÉITHEACH: bréag.

FAGHAIRT: brí, fuinneamh, spreacadh.
FÁITHIM: imeall, colbha; *caite ar an bhfáithim* = gan aon mheas orthu.
FALA: faltanas, feall.
FALLAING: clóca.
FAOILEANN: bean álainn.
FAON: lag.
FARAIRE: duine cróga, saighdiúir.
FARAIRIÚIL: cróga.
FEACHT: uair amháin.
FEARCHÚ: fear láidir, laoch.
FÉIRSE: deabhadh, deifir.
FIALACHT: fairsingeacht, neart, torthúlacht.
FLAITH: prionsa, taoiseach.
FOCHAIR: *i m'fhochair* = in éineacht liom.
FRAIGH (*iol.* frathacha): rachta tí.
FRIOTHALADH: friothamh (na gréine).
FUIREACH: fanacht.

GAD: rópa.
GAIRFEAN: drochaimsir.
GAISE: sruthán.
GARG: garbh, láidir, cruálach.
GEARRCHÚILFHIONN: bean óg álainn fhionn.
GÍ: cé.
GIODAMACH: giongach, míshocair.
GLAM: glaoch, glór.
GLÁMHÁN: gearán, clamhsán.
GLIA: gleo, troid.
GRAFÁN: grafóg.
GRAMAISC: brutainn, daoscarshlua.
GUAISEACH: contúirteach, dainséarach.

IATA: dúnta.
IATH: tír, ceantar.
INNEALL: *ar inneall* = faoi réir, réidh.
IOMAR: bád.
IOSTAS: lóistín.

LAG (*a.fh.*): logán.
LANGAIDE: laincis, rópa chun cosa beithígh a cheangal.
LEARG: cosán, machaire, páirc chatha.
LINGIM: léimim.
LIOSTA: mall siléigeach.
LODAR: slabaire, duine míshlachtmhar.
LOITIMÉIREACHT: millteanas, réabadh, scrios.
LUADAR: cumas.

MEIRLEACH: gadaí, rógaire, tréatúir.
MILLTHEOIRÍN: duine a bhíos ag milleadh.

NIAMHRACH: álainn, soilseach.

OIRIRC: cáiliúil.

PAMPA: caidéal, pumpa.
PLABAIM: buailim.
PRACHÁN: prochlais.
PRAS: líofa.

RACAID: gúna do pháiste.
RAE-GRAS; féar seagail, 'rye-grass'.

RÁMHAINN: láí, spáid.
RE: gealach.
REACHT: dlí.
REANN: réalta.

SCAFAIRE: duine lúfar folláin.
SCAOTHACH: cróga.
SCEAMHAIN: bím ag tafann.
SCRÁBACH: crua.
SEASCAIR: compordach.
SIA: fada; *ba shiaidh* = b'fhaide.
SIOLGAR: dearóile, droch-chás, anchaoi; maireachtáil bhocht ocrach.
SÍOLRACH: sliocht.
SLAODACH: fairsing.
SLIOS: bruach, taobh.
SMÁCHAIL: máchail.
SMIOTA: *smiota gáire* = gáire beag gairid.
SMÚSACH: súiche tirim, luaith na tine.
SOC: barr géar an chéachta.
SOILBH: soilíosach, deas.
SPÁG: *i ngalar na spág* = i gcruachás.
SPRANG: 'sprong'.
SRIMILE: duine marbhánta spadánta.
STÁIR: *ar stáir* = de rith te reatha.
STAMAIRE: duine easumhal.
STAMPA: stumpa fir.
STARRA: fiacail.
STIÚRC: stiúir.
STOTHALL: cloigeann mínéata gruaige atá coinnithe go dona.
STROPA: beilt, iall.
SUA: saoi, duine léannta.
SUÍOMHNÚ: díospóireacht, argóint.

TACAIRE: fear taca.
TAFANNACH: foréigneach, gan srian.
TAOIDEACH: fórsúil, láidir.
TAOMACH: corrach, guagach, taghdach.
TEIMHEAL drochlorg, drochrian.
TÓCH: scrios, slad.
TOGHAIL: dána, dásachtach.
TOICE: bean óg.
TRIATH: flaith, prionsa, taoiseach.
TREORACH: gníomhach, maith.

TRIOPALLACH: deas, féiltiúil.
TRIÚCH: ceantar; *thar triúch* = ar fud an cheantair.
TUARAIM: réamhinsím.
TUISE: cáilíocht chuí.

UAILL: scread.
UAIMH: pluais.